SINGER

BIBLIOTECA DE COSTURA MR

Ropa para Niños

CREATIVE
PUBLISHING
international

CHANHASSEN, MINNESOTA
www.creativepub.com

SINGER

BIBLIOTECA DE COSTURA MR

Ropa para Niños

Contenido

President/CEO: Michael Eleftheriou
Vice President/Publisher: Linda Ball
Vice President/Retail Sales: Kevin Haas

ISBN 1-58923-127-9

Printed on American paper by:
  R. R. Donnelley
10 9 8 7 6 5 4 3 2 1

ROPA PARA NIÑOS
(SEWING FOR CHILDREN)

Created by: The Editors of Creative Publishing
international, Inc., in cooperation with the Sewing
Education Department, Singer Sewing Company.
Singer is a trademark of The Singer Company
Limited and is used under license.

Creative Publishing international, Inc. offers a
variety of how-to-books. For information write:
  Creative Publishing international, Inc.
  Subscriber Books
  18705 Lake Drive East
  Chanhassen, MN 55317

Contributors: B. Blumenthal & Co., Inc.; Butterick
Company, Inc.; Clotilde; Coats & Clark, Inc.;
Daisy Kingdom, Inc.; Dritz Corporation; EZ
International; Freudenberg, Pellon Division; June
Tailor, Inc.; Kwik Sew Pattern Company; The
McCall Pattern Company; Minnetonka Mills, Inc.;
Olfa Products Corporation; Rowenta, Inc.; Sew
Easy Textiles, Inc.; Simplicity Pattern Company,
Inc.; The Singer Company; Speed Stitch, Inc.;
Stacy Industries, Inc.; Stretch & Sew, Inc; Sunrise
Industries, Inc.; Swiss-Metrosene, Inc.; Vin Max,
Inc.; YKK Home Sewing Division.

Cómo utilizar este libro

Ropa para niños le ayudará a elaborar prendas infantiles a su gusto y de calidad profesional fácil y rápidamente. Utilice este libro para planificar y coser atractivas prendas de vestir y accesorios para bebés, niños preescolares y niños de edad escolar. Las prendas deben ser cómodas, durables y favorecedoras para el niño.

Ropa para niños contiene instrucciones completas y detalladas para algunos proyectos; para otros, proporciona sugerencias útiles e ideas creativas.

La mayor parte de la ropa para niños tiene menos detalles que la de adultos y se puede coser en un periodo más corto. Muchos de los proyectos en este libro son puntos de partida excelentes para la costura novata o para quien no ha cosido en varios años. Las costureras experimentadas encontrarán sugerencias y técnicas útiles para hacer variaciones o adaptaciones a los patrones.

Para aprovechar en forma más eficiente su tiempo, familiarícese con la información en la sección del libro donde se dan los conceptos iniciales antes de elegir un proyecto. Conozca los equipos, artículos de sedería, telas, patrones y estilos más modernos. Se incluyen técnicas de costura para máquinas de tres hilos u overlock donde se considera apropiado. Cuando se muestra un método en este tipo de máquinas, también se sugiere otro en máquina de coser convencional.

Las instrucciones para los métodos específicos se dan paso a paso con fotografías en acercamiento para dar detalles explícitos. En algunas fotografías, se utiliza hilo contrastante para destacar la técnica de costura, pero usted deseará utilizar en sus propios proyectos hilo de color semejante al de la tela, a menos que desee lograr un efecto decorativo contrastante.

Costura para las necesidades cambiantes de los niños

La elaboración de prendas de vestir para niños es distinta de la costura para adultos. Aunque las prendas para niños requieren menos ajustes, los niños crecen con rapidez y tienen necesidades distintas en las diferentes edades. Utilice la sección de bebés para planificar una canastilla y conjuntar las ideas para la decoración del cuarto del bebé. También querrá elegir proyectos específicos que van desde ropa de cama y baberos hasta kimonos y sus variaciones.

La sección del libro correspondiente al crecimiento incluye prendas de vestir para preescolares y niños. Se dan sugerencias para aumentar la durabilidad y proporcionar la holgura que permita adaptar las prendas al crecimiento. También encontrará muchas ideas creativas para hacer que una prenda sea especial. Para darle mayor versatilidad y uso a las prendas que cosa para un niño, siga las sugerencias sobre planeación del guardarropa para coordinar las prendas. A medida que los niños empiezan a vestirse solos y seleccionan sus propias prendas de vestir, con frecuencia expresan una preferencia muy marcada; quizás usted desee que el niño intervenga en la planificación cuando se escojan los colores, estilos y telas.

Use su creatividad

Algunas de las ideas en este libro son tan sencillas como utilizar un artículo de sedería o un tipo de botones único. En la sección de detalles personales, se incluyen varias técnicas para darle un toque personal a una prenda cosiéndole un parche o mezclando las telas en forma creativa o utilizando las ideas artísticas del niño que la usará. Muchas de estas técnicas que agregan un detalle personal no se limitan a las prendas que usted cosa, sino también pueden emplearse para hacer especiales las playeras u otras prendas de vestir que compre. Con ayuda de *Ropa para niños* usted puede coser en forma más creativa agregando detalles personales a las prendas de vestir de los niños.

En la sección de Vestidos de ceremonia se presentan varios tipos de prendas. Algunos proyectos son simples, añadiduras creativas o ajustes en una prenda. Esta sección también le permite lograr el aspecto que tienen los vestidos de ceremonia cosidos a mano, utilizando técnicas actuales en la máquina de coser. Con las técnicas de costura a máquina para vestidos de ceremonia usted puede elaborar un ropón de bautizo o alguna otra prenda especial que será atesorada durante varias generaciones.

Prepárese para empezar

Elección de la ropa para niños

La costura de las prendas de vestir para niños puede ser bastante económica y no necesariamente requiere una gran inversión de tiempo. Como las prendas para niños necesitan menos tela que las de los adultos, el costo de la tela casi siempre es mínimo. Quizas pueda utilizar tela sobrante de otros proyectos de costura para elaborar una prenda, o parte de una prenda, para un niño pequeño.

La mayoría de los diseños en ropa infantil siguen líneas simples, tienen pocas piezas y son fáciles de coser. Son un buen inicio para una costurera principiante o para alguien cuya habilidad necesita renovarse.

Considere la seguridad

Las prendas infantiles deben ser seguras. Evite cordones sueltos o tela en exceso que pueda enredarse, especialmente en la ropa para bebés. Tenga cuidado con las faldas largas o los camisones que puedan hacer que un niño tropiece, o con las mangas muy amplias que pueden atorarse en los objetos. Limite los lazos en los cinturones y agujetas de manera que sean cortos, y asegure los botones y adornos perfectamente. En prendas para dormir utilice telas con protección pirrorretardadora.

Detalles personales en las prendas para niños

Los toques creativos pueden hacer que una prenda sea especial para un niño. Utilice algún dibujo del niño hecho con crayolas como guía para seleccionar colores y formas en un diseño bordado a máquina. O deje que el niño coloree o pinte la tela antes de que usted corte el patrón. Algunos niños disfrutan al diseñar sus propios vestidos dibujando las prendas que les gustaría tener y haciendo que usted iguale el color y el estilo en general. Las aplicaciones simples y originales pueden reflejar una de sus aficiones favoritas o un juguete especial.

Haga que el niño participe en la selección de patrones, telas y adornos de mercería. Entre los niños pequeños que apenas aprenden a identificar los colores, los colores primarios rojo, amarillo y azul son muy populares. Observe los colores de uno de sus juguetes favoritos y los colores que el niño suele elegir para pintar o dibujar. Considere el tono del cabello, los ojos y la piel del niño; seleccione los colores que lo favorezcan.

Características que faciliten el vestirse por sí solo

Para animar al niño a vestirse por sí solo, elija prendas con cuellos y pretinas de ajuste holgado y con cierres de fácil manejo. Haga que las partes que se cierran esten a la vista y al alcance en el frente o a uno de los lados de la prenda. La cinta adherible (Velcro) puede utilizarse para cerrar la mayoría de las prendas. Los niños pequeños pueden desabrochar fácilmente los botones simples, grandes y redondos, así como los broches de presión, pero les resulta difícil cerrarlos con sus pequeñas manos. También disfrutan de los cierres que tienen dientes y jaladeras grandes y corren suavemente. Los pantalones de resorte que tienen cintura elástica facilitan el que los niños pequeños se los pongan y se los quiten. Los niños pueden sentirse frustrados cuando tratan de abrochar presillas, botones pequeños o lazos.

Sugerencias para la planeación de prendas, tomando en cuenta el crecimiento y la comodidad

Agregue puños de cardigán a la orilla inferior de las mangas o de la piernas de los pantalones de manera que pueda voltear hacia arriba un tramo de tela para alargar la prenda de acuerdo con el crecimiento.

Elija patrones de pantalones en un estilo que pueda cortarse para transformarlos en shorts cuando el largo ya no sea suficiente.

Utilice cinturas elásticas en pantalones muy holgados o en las faldas para que sean cómodos durante los periodos de crecimiento.

Dé mayor holgura en el tiro y en el largo del cuerpo cuando se trate de prendas de una sola pieza, para evitar que se vuelvan incómodas a medida que el niño crece.

Coloque tirantes elásticos con hebillas ajustables.

Elija patrones de vestidos y jumpers con talles bajos o sin talle para dar mayor comodidad y alargar al máximo el tiempo de uso.

Utilice telas de punto para facilitar la costura y dar un estiramiento máximo que tome en cuenta el crecimiento y la comodidad.

Elija patrones con mangas raglán, dolman o caídas que proporcionan amplitud para el crecimiento y restringen menos los movimientos.

Considere los patrones que tengan tablas, frunces y formas muy amplias que permiten el crecimiento sin que se suban.

Elija estilos de talla más grande para dar comodidad.

Selección de patrones

Todos los niños se sienten cómodos en prendas holgadas pero sus necesidades varían a medida que crecen. Para bebés, elija prendas de una sola pieza, como los kimonos, que facilitan vestir al bebé y cambiarle los pañales. Los preescolares también están cómodos en prendas de una sóla pieza como overoles con una abertura en el tiro. Los estilos de dos piezas con pretinas elásticas son fáciles de poner y quitar, y son prácticos para niños que están aprendiendo a usar el sanitario. Los tirantes ajustables en los hombros y los que se cruzan en la espalda, así como las pretinas elásticas, ayudan a mantener los pantalones y las faldas en su sitio.

Busque estilos básicos y versátiles. Los pantalones coordinados, las camisas, faldas, chaquetas, overoles y sudaderas pueden utilizarse durante todo el año. A excepción de las faldas, estas prendas pueden usarlas niños o niñas. Utilice un patrón básico para planear un guardarropa que se pueda combinar. Coordine las telas con los artículos de mercería y ahorre tiempo cosiendo varias prendas con un mismo patrón.

Selección de la talla del patrón

Compre los patrones de acuerdo con las medidas del niño, no a su edad o a una talla comercial. Compare las medidas del niño con la tabla que aparece en el patrón o en el catálogo de patrones. La mayoría de las medidas en las tablas de patrones son normales; sin embargo, el ajuste de prendas similares puede variar incluso si se utiliza un patrón de la misma talla. El estilo de la prenda, ya sea holgada o ajustada, y el espacio de holgura que se agrega para dar facilidad de movimiento y comodidad modifican el ajuste.

Ajuste del largo y el ancho del patrón

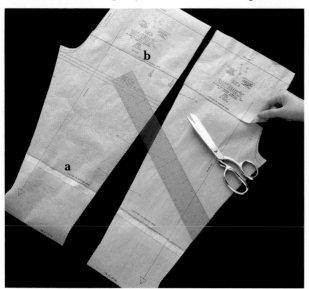

Alargue (a) o corte (b) el patrón en las líneas de ajuste. Separe o superponga las piezas del patrón hasta lograr el ajuste deseado; asegure con cinta adhesiva conservando la posición del hilo de la tela. Combine las líneas de corte y de costura.

Puede ser que usted desee comparar el patrón con una prenda que le quede bien al niño para verificar el ajuste de la prenda que intenta elaborar. Si el niño se encuentra entre dos tallas, compre la más grande. Los patrones con tallas múltiples pueden utilizarse para varias tallas. Para conservar el patrón original trace cada una de las tallas a medida que las use.

Para tomar en cuenta la forma cambiante de los cuerpos en crecimiento, las tallas de patrones en las diferentes edades utilizan distintas medidas corporales. Los patrones en bebés registran el largo y el peso del bebé. En los patrones para preescolares se anotan las medidas aproximadas del pecho, la cintura y la altura. Las tallas para preescolares son más cortas que las tallas para niños y consideran un espacio adicional para los pañales. Las tallas para niños proporcionan las medidas del pecho, la cintura, las caderas y la altura aproximada. Hasta la talla 6, los patrones para niños aumentan en general una talla por cada pulgada adicional (2.5 cm) alrededor del cuerpo.

Ajuste

La mayoría de las prendas infantiles requieren de un ajuste mínimo. Incluso si algunas de las medidas del niño difieren ligeramente de las que se encuentran en el patrón, es posible que no sea necesario hacer ajustes. Por ejemplo, una prenda con elástico en la cintura puede no requerir un ajuste en la pretina. Determine los ajustes antes de cortar la tela. Haga el mismo ajuste en las piezas adyacentes del patrón y conserve en el patrón ajustado la dirección marcada para el hilo de la tela. A medida que cosa puede hacer ciertos ajustes usando pestañas más anchas o más angostas en las costuras.

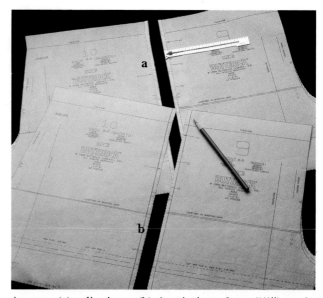

Aumente (a) o disminuya (b) el ancho hasta 6 mm (1/4") a cada lado de la pestaña para un ajuste total máximo de 2.5 cm (1"). Para aumentar o disminuir el ancho en una cantidad mayor a ésta, utilice una talla de patrón diferente. En los talles de las prendas, necesitará ajustar la holgura en la manga para que se acomode al nuevo tamaño de la sisa.

Toma de medidas

Para tomar las medidas de un niño utilice una cinta de medir o un listón de color brillante que no sea elástico y sosténgalo de manera ajustada pero sin restirarlo. El niño debe usar ropa interior o pañales y estar de pie en posición natural. Si se trata de un niño muy chico o activo, puede medir una prenda que le ajuste bien y compararla con la talla de la prenda en el sobre del patrón. No necesitará todas las medidas cada vez que cosa.

Cabeza. Mida alrededor de la parte más ancha de la cabeza. Esta medida es importante para prendas sin abertura en el cuello.

Pecho. Mida alrededor de la parte más amplia del pecho, justamente sobre las clavículas.

Cintura. Los preescolares no tienen una cintura definida. Para determinar la cintura natural ate un cordón alrededor de la sección media y haga que el niño se mueva y se doble. El cordón se colocará en el sitio de la cintura; tome la medida sobre el cordón.

Caderas. Mida alrededor de la parte más amplia de las caderas.

Largo de la espalda hasta la cintura. Mida desde el hueso más prominente en el cuello hasta la cintura natural; usted puede localizar el hueso del cuello cuando la cabeza del niño se dobla hacia adelante.

Largo del brazo hasta el centro de la espalda. Haga que el niño extienda su brazo recto a uno de los lados, mida desde la muñeca a través del hombro hasta la parte media del cuello. Coloque el patrón de la manga junto al patrón de la espalda superponiendo las partes correspondientes a las pestañas; mida el patrón desde la muñeca hasta el centro de la espalda. Ahora puede comparar la medida del cuerpo con la medida del patrón.

Largo del tiro. Ate un cordón alrededor de la cintura. Haga que el niño se siente en una silla. Mida en uno de los lados desde la cintura hasta el asiento de la silla.

Largo del vestido o de la falda terminados. Mida desde un cordón atado a la cintura hasta el largo deseado en el dobladillo.

Largo terminado en los pantalones. Mida desde un cordón atado a la cintura hasta el hueso del tobillo.

Selección de telas

Las prendas de uso diario para niños necesitan soportar el desgaste y maltrato del juego activo, así como numerosas lavadas. Para estas prendas, elija telas durables, cómodas, de fácil cuidado. Para prendas de vestir que se utilizan en ocasiones especiales, utilice terciopelos y tafetas. Para coser vestidos de ceremonia, busque telas con un tejido parejo que sean finas, suaves y con buena caída; pueden ser transparentes y brillantes o mates. Aunque el algodón 100% es durable y recuerda el aspecto de las prendas antiguas, requiere de planchado. Las características de fácil mantenimiento de las mezclas de poliéster-algodón son atractivas para algunas costureras. Utilice telas transparentes como la batista Imperial® en poliéster y algodón y la batista suiza 100% de algodón.

Las telas naturales son suaves y no producen abrasión. Respiran y absorben la humedad, cualidades de que carecen las telas sintéticas puras; sin embargo, las fibras naturales requieren mayor cuidado. Las fibras sintéticas, como los acrílicos y el poliéster, son de fácil cuidado, pero no respiran ni absorben la humedad. Se manchan con facilidad y al cabo de repetidas lavadas empiezan a formar pequeñas bolitas en la superficie, toman un color amarillento y pierden su suavidad. Las mezclas de fibras naturales y sintéticas combinan las mejores propiedades de cada una y dan lugar a telas suaves, absorbentes y que no se arrugan.

Tipos de telas

Las *telas de telar* que son transparentes y ligeras son adecuadas para blusas, camisas, vestidos y faldas. Las telas de telar con tejido cerrado son más durables; selecciónelas para pantalones, camisas y sacos. Las telas de telar más adecuadas para coser prendas infantiles son: batistas, paño, calicó, cambray, chino, batista suiza en algodón, mezclilla, moteado suizo, ginga, madrás, organdí, batista Imperial en poliéster y algodón, tafeta de poliéster, popelina, lonetas "seersucker" (tipo de crepé), telas para camisas, sarga y gasa de algodón.

Las *telas de punto* son una buena elección porque los niños son activos y los tejidos de punto siguen el movimiento del cuerpo. Cuando se seleccionan tejidos de punto, verifique el alargamiento de la tela con la medida en el sobre del patrón. Las telas de punto incluyen algodón spandex, punto doble, interlock, jersey, molletón para playeras y tejidos térmicos.

Las *telas con pelo* tienen una textura superficial que produce una sensación suave y pueden ser tejidas en telar o de punto. Estas telas incluyen mezclilla cepillada, pana, estameña de dos vistas en poliéster, franela, felpa francesa, piqué, felpa elástica, felpa, terciopelo y velour.

Las **telas** para prendas de niños incluyen: tela para camisas (**1**), mezclilla (**2**), velour (**3**), pana (**4**), felpa (**5**), interlock (**6**), jersey (**7**), moteado suizo (**8**), batista Imperial (**9**), tafeta (**10**).

Adornos especiales

Los adornos especiales más finos son los de 100% algodón o de una mezcla con una elevada proporción de algodón. Se caracterizan por tener un tejido fino y un acabado muy nítido en los diseños. En los encajes para insertar (entredós) (**1**) ambas orillas son rectas. Las puntas de encaje (**2**) tienen una orilla recta y otra en forma de ondas. El pasalistón de encaje (**3**) tiene orifi-

cios para ensartar el listón. La tira bordada (**4**) puede estar bordada en blanco o en color y se encuentra disponible en forma de entredós, punta o pasalistón. El entredós calado (**5**) se utiliza para separar los adornos y la tela, y tiene pestañas para costura en ambos lados.

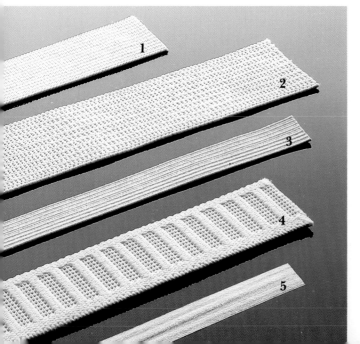

Elástico

Los elásticos varían en sus características de estiramiento y recuperación. Busque elásticos que conserven su ancho original cuando se estiran y que recuperen su longitud original cuando se apliquen a una prenda. Los más durables son los elaborados en algodón y caucho.

Los elásticos de punto (**1**) y los tejidos (**2**) son los más apropiados para coserse directamente a las prendas. El elástico trenzado (**3**) y los elásticos que no se enrollan (**4**) son adecuados para cubiertas o fundas.

Los elásticos transparentes (**5**) combinan con cualquier color de tela y son cómodos cuando se usan en contacto con la piel.

Cardigán
(Tela de resorte)

El estiramiento y la recuperación de la tela de resorte (cardigán) varía mucho. El estiramiento es aceptable si un tramo de 10 cm (4") se estira en su totalidad hasta 18 cm (7").

El ancho terminado del cardigán va en proporción a la orilla y tamaño de la prenda. Corte el cardigán al doble del ancho terminado, aumentando 1.3 cm (1/2") para hacer dos pestañas de 6 mm (1/4"). Cuando aplique cardigán recorte las pestañas de la prenda hasta 6 mm (1/4") en los bordes. Utilice el método que se menciona en seguida para cortar el cardigán de manera que ajuste a la orilla de la prenda. Si se quiere un ajuste más cerrado en las muñecas, la cintura y los tobillos, corte el cardigán justamente a la medida del cuerpo. Quizás sea necesario plegar la orilla de la prenda para ajustarla al orillo de cardigán.

El cardigán tubular es de 46 a 56 cm (18" a 22") de ancho y se vende por pulgada (2.5 cm). Se encuentra disponible en dos grosores. El más ligero se usa en playeras de punto, sudaderas, terciopelos y telas ligeras. El más grueso se aplica en prendas para intemperie o telas pesadas. No preencoja el resorte; esto lo distorsiona y dificulta el acomodo y el corte de las piezas.

Guía para cortar el cardigán (se incluyen las pestañas para la costura)

Orilla de la Prenda.	Bebés	Preescolares	Niños
Manga corta	5 cm (2")	6.5 cm (2 1/2")	6.5 cm (2 1/2")
Cuello redondo normal	6.5 cm (2 1/2")	6.5 cm (2 1/2")	7.5 cm (3")
Cuello redondo angosto	5 cm (2")	5 cm (2")	6.5 cm (2 1/2")
Cuello preacabado	6.5 cm (2 1/2")	7 cm (2 3/4")	7.5 cm (3")
Pretinas, muñecas, piernas de pantalón	10.8 cm (4 1/2")	12.5 cm (5")	16.3 cm (6 1/2")
Bolsillos	5 cm (2")	5 cm (2")	6.5 cm (2 1/2")

Cómo medir y cortar el cardigán

1) Mida la orilla del patrón en donde va a aplicar el cardigán, colocando la cinta de medir en la orilla a la altura de la línea de costura. Para las orillas del cuello y la cintura duplique esta cantidad.

2) Corte un tramo de cardigán con un largo igual a 2/3 partes de la longitud medida en la línea de costura y un ancho igual al doble del ancho terminado; agregue 1.3 cm (1/2") al largo y al ancho para las pestañas en las costuras.

Equipo e instrumentos

Una máquina de coser convencional básica con puntada de zigzag es adecuada para la costura de prendas de vestir para niños, aunque para agregar adornos es útil contar con una máquina de coser computarizada. En áreas pequeñas difíciles de alcanzar como rodillas y codos es útil tener una máquina de brazo libre. Una máquina de tres hilos, u overlock, no sustituye a la máquina convencional, pero puede ahorrar bastante tiempo de costura; esta máquina cierra la costura al mismo tiempo que orla los bordes.

Los accesorios de la máquina de coser ayudan a hacer más eficiente la costura para niños. El aditamento para fruncido (**1**) ahorra tiempo cuando se cosen numerosos olanes o pliegues. El pie para alforzar (**2**) se utiliza con agujas gemelas (**3**) para hacer alforzas de varios tamaños. Las agujas gemelas también funcionan bien en puntadas de refuerzo y en dobladillos. Un prensatelas de uso general (**4**) y la placa aguja (**5**) se utilizan con las agujas de alas (**6**) que producen orificios en la tela para dar un efecto decorativo.

Las agujas de punta de bola se utilizan en tejidos de punto. Las agujas de punto universal están diseñadas

para utilizarse en tejidos de punto y telas de telar. En telas ligeras se utiliza una aguja fina de tamaño 9 (65).

Un pasacintas (**7**) es una herramienta metálica o plástica larga que es muy conveniente para enhebrar elástico, listón o cordón en una jareta o funda. El cortador giratorio (**8**) se encuentra disponible en dos tamaños y viene con una hoja retractable para dar mayor seguridad. El cortador giratorio corta rápidamente varias capas de tela a la vez y puede utilizarse para telas gruesas. El cortador giratorio pequeño se utiliza para un solo grosor, telas ligeras y curvas pequeñas. Utilice el cortador giratorio con una esterilla para cortar (**9**). Las pinzas para broches de presión (**10**) se utilizan para colocar remaches u ojillos.

La plancha para abullonar (**11**) es conveniente cuando se elaboran vestidos de ceremonia a máquina. Utiliza calor seco y plancha las prendas delicadas sin quemarlas. Una tabla para planchar para mangas es versátil y se utiliza en áreas de costura angostas como mangas y piernas de pantalones.

Artículos de mercería

Quizás usted desee almacenar diversos artículos de sedería para dar variedad a las prendas elaboradas a partir de un solo patrón.

Los cierres en las prendas de niño pueden ser decorativos a la vez que funcionales. Los broches de presión se encuentran en muy diversos pesos y colores. Los botones de fantasía agregan un detalle especial, pero los botones pequeños o con formas pueden dificultar que los niños pequeños se vistan por sí mismos. La cinta adherible (Velcro) es una de las botonaduras que los niños manejan más fácilmente.

Los cierres también pueden ser decorativos, especialmente cuando se utilizan en colores contrastantes. Se encuentran cierres con espirales finas adecuados para las prendas pequeñas. Se dispone de espiral para cierre con jaladeras separables en rollos de 5.05 m (5 1/2 yd) o por pulgada (2.5 cm). Esto permite hacer cierres de cualquier longitud y elimina la necesidad de contar con cierres de diversos tamaños. Tiña el cierre y la jaladera de manera que combinen con las prendas o coordinen con ellas.

Los artículos metálicos como anillos en D, ganchos para broche de presión, hebillas plásticas y hebillas para overol pueden utilizarse en tirantes, cinturones y tiras ajustables. Las cintas de adorno incluyen listones, bies y cintas de sarga, acordonados y trencillas. La cinta reflejante puede aplicarse como medida de seguridad a las prendas de vestir que se utilizan a la intemperie en la noche. Las aplicaciones agregan un detalle personal.

Preparación para la costura

Es importante preencoger las telas lavables, los adornos y los artículos de mercería antes de acomodar los patrones. El preencogimiento evita que la prenda se encoja y las costuras y adornos se frunzan. También elimina el exceso de tinta y acabados químicos. No preencoja el cardigán; esto lo distorsiona y hace más difícil acomodarlo y cortarlo.

Preencoja y seque las telas lavables como se recomienda en las instrucciones de cuidado de la tela. Después de preencoger las telas de algodón 100%, es importante lavarlas varias veces antes de cortarlas porque las telas de algodón continúan encogiéndose durante las primeras lavadas. Preencoja por separado los algodones de color oscuro o vivo hasta que se estabilice el color. Para preencoger las telas que requieren lavado en seco, vaporícelas en forma uniforme con una plancha de vapor y déjelas secar por completo sobre una superficie plana y lisa.

Algunas telas de punto, especialmente los tejidos de algodón ligeros, pueden ondularse o enrollarse después del preencogido. Elimine las arrugas de la tela antes de acomodar el patrón, asegurándose de que el hilo de la tela quede recto. Planche las piezas del patrón con un plancha tibia y seca.

Las telas a cuadros o rayas dan variedad a las prendas infantiles. Cuando utilice una de estas telas, elija un patrón con pocas piezas para facilitar la igualación del diseño. Aléjese y estudie la tela para determinar la parte dominante del diseño. Corte cada pieza del patrón en la tela y doble la parte cortada superponiéndola sobre la misma tela para utilizarla como si fuera el patrón, de manera que el diseño en la segunda pieza coincida con el de la primera.

Sugerencias para acomodar los patrones en telas a cuadros

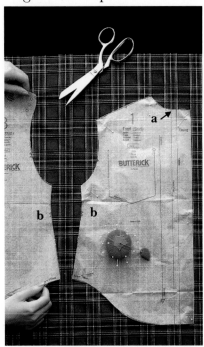

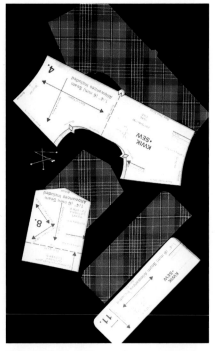

Coloque cada pieza en una sola capa de tela empezando con la pieza correspondiente al delantero del patrón. Utilice la parte dominante del diseño (a) para el centro del delantero y el centro de la espalda. Haga corresponder las muescas en las costuras laterales del delantero y de la espalda.

Centre la manga en la misma parte dominante del diseño que el centro del delantero. El diseño debe corresponder en las muescas (flechas) de la manga y de la sisa en el delantero de ambas prendas; las muescas en la espalda pueden no corresponder.

Coloque los bolsillos, puños, canesús y las bandas separadas del delantero en una posición sesgada para no tener que hacer que coincida el diseño, lo cual es muy tardado. Centre un bloque dominante del diseño en cada una de las piezas del patrón.

Sugerencias para acomodar, cortar y marcar patrones

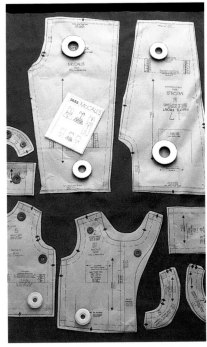

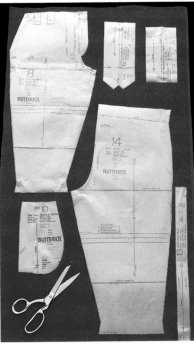

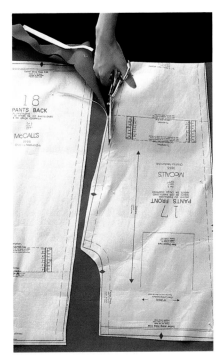

Para acomodar las piezas, **consulte** el diagrama que aparecen en la hoja de guía del patrón. Colóquelas siguiendo las flechas del hilo de la tela y la dirección del pelo. Utilice pesas para que el patrón se mantenga en su sitio.

En telas con pelillo, **coloque** todas las piezas del patrón de manera que la orilla superior se encuentre en el mismo extremo de la tela. La pana y otras telas de pelillo lucen más si el pelo está dirigido hacia la parte inferior de la prenda.

Utilice tijeras afiladas y hágalas avanzar en cortes largos para que el corte sea más suave. No recorte el exceso de papel en el patrón antes de cortar la tela, a menos que vaya a cortar telas gruesas como pana o telas acolchadas.

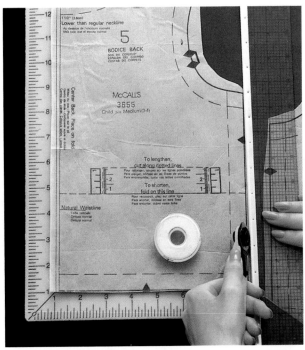

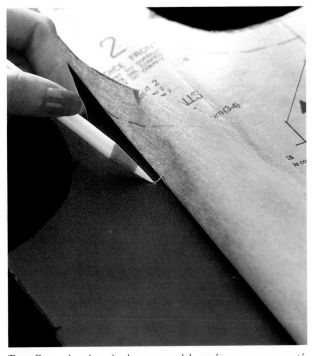

Utilice el cortador giratorio con la estera protectora, corriendo ésta para cortar las otras piezas. Utilice una regla con bordes de metal para hacer los cortes en orillas rectas colocando la hoja del cortador cerca de la regla; marque las muescas. En las curvas cerradas o formas complejas puede utilizarse un cortador giratorio pequeño.

Transfiera a la tela todas las marcas del patrón una vez que esté cortado. Haga cortes pequeños, no mayores de 3 mm (1/8'') en la pestaña de la costura para marcar muescas, puntos, el centro del delantero, el centro de la espalda y los extremos de pinzas o pliegues. Para marcar los bolsillos, coloque un alfiler que atraviese el patrón y la tela. Levante el patrón y marque cada una de las telas con gis o un marcador lavable.

Técnicas que ahorran tiempo

Usted puede ahorrar tiempo planeando cuidadosamente su costura. Utilice el mismo patrón para confeccionar varias prendas que el niño usa comúnmente y compre telas que puedan coserse con el mismo color de hilo o con hilo invisible. Si usted planea coordinar colores, puede hacer que las prendas tengan un aspecto personal intercambiando piezas para puños y adornos entre varias de ellas.

Si elimina las costuras centrales del frente y la espalda, ahorrará tiempo en el corte y la confección. Otra técnica que ahorra tiempo es elegir un patrón que tenga pestañas de 6 mm (1/4") o recortar las pestañas en el patrón a 6 mm (1/4") a medida que corte. También puede ahorrar tiempo usando pesas en lugar de alfileres para mantener las telas en su sitio. Se pueden utilizar barras de pegamento o pegamento soluble en agua para asegurar la tela en lugar de alfileres o de hilvanar a mano.

Apile 3 ó 4 telas delgadas o de peso medio del mismo ancho para cortarlas todas a la vez. Corte las piezas del delantero y la espalda en los dobleces. No corte ninguna de las aberturas centrales del delantero en este paso. Utilice el cortador giratorio con un brazo guía para recortar las pestañas a 6 mm (1/4") mientras corta la prenda.

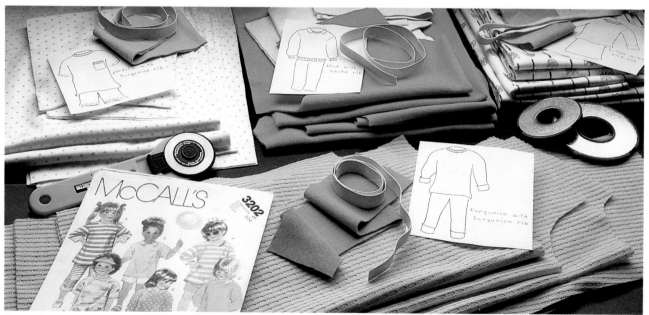

Determine cuáles prendas tendrán ribetes de cardigán, resortes, aberturas en el frente o adornos. Corte el cardigán y los adornos al tamaño correcto. Haga grupos de todas las telas que correspondan a cada prenda colocando sobre ellas los adornos y artículos de mercería correspondientes.

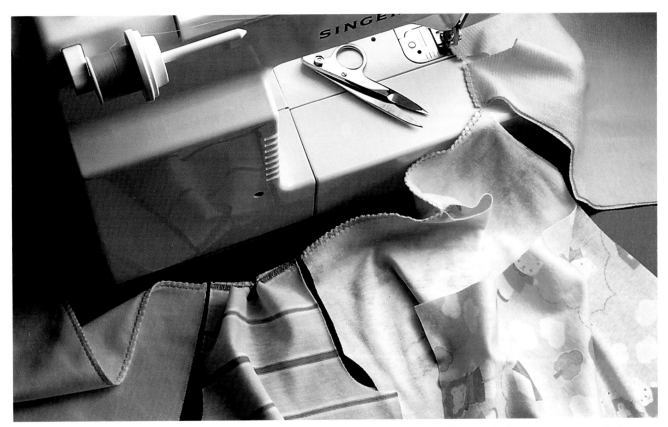

Agrupe las prendas que utilicen el mismo color de hilo de manera que pueda coserlas todas a la vez. Utilice una puntada continua siempre que sea posible cosiendo de costura en costura sin detenerse. Corte los hilos después de que estén cosidas todas las prendas.

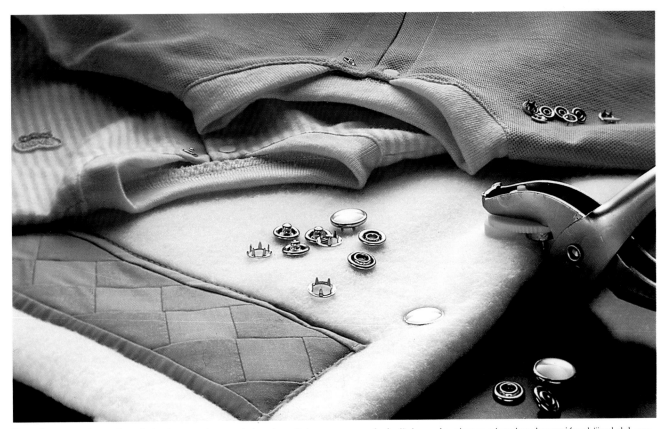

Organice sus sesiones de trabajo de acuerdo con el tipo de actividad. Haga en un tiempo toda la costura recta, así como todo el planchado, el terminado de costuras y la aplicación de zigzag u overlock. Coloque los cierres o broches de presión al final del proceso de costura.

Dobladillos y costura

Los dobladillos y costuras con sobrepespunte pueden ser decorativos a la vez que funcionales. Utilece un hilo de color semejante o contrastante que coordine con otras de las prendas de vestir.

Los dobladillos cosidos a máquina son seguros y durables y son una buena alternativa para el resorte (cardigán) en la orilla de

los puños, pretinas y piernas de pantalón en la ropa para niños.

Seleccione las costuras y los acabados de las mismas de acuerdo con el tipo de tela. También considere si la costura se verá a través de la prenda, si se requiere que sea resistente y si será cómoda al contacto con la piel.

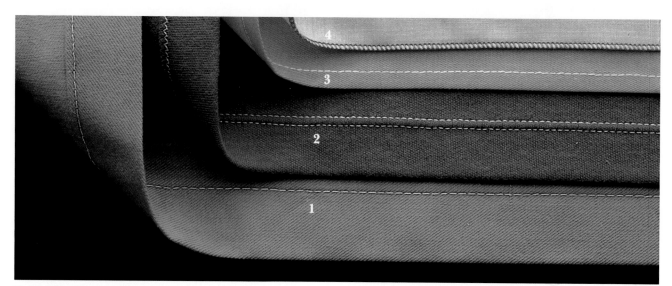

Dobladillos. El dobladillo con sobrepespunte (**1**) tiene una o más hileras de sobrepespunte cerca del extremo superior de la pestaña del dobladillo terminado. Un dobladillo con sobrepespunte que utilice agujas gemelas (**2**) es adecuado para los tejidos de punto porque la bobina hace una costura de zigzag por el lado del revés y permite que las costuras se estiren. Cosa a 6 mm (1/4'') del borde cortado de la pestaña del dobladillo y recorte la orilla hasta llegar cerca de la costura. En un dobladillo angosto (**3**) recorte la pestaña

del dobladillo hasta 1.3 cm (1/2''); planche hacia el lado del revés. Abra el dobladillo y doble la orilla cortada hasta hacerla coincidir con el doblez planchado. Doble nuevamente para obtener los dos dobleces; haga un sobrepespunte de una o dos hileras como lo desee. Un dobladillo enrollado (**4**) que se cose en una máquina de 3 hilos u overlock, es adecuado en telas ligeras o transparentes. Cosa teniendo hacia arriba el lado del derecho; la tela se enrolla hacia abajo, hacia el revés.

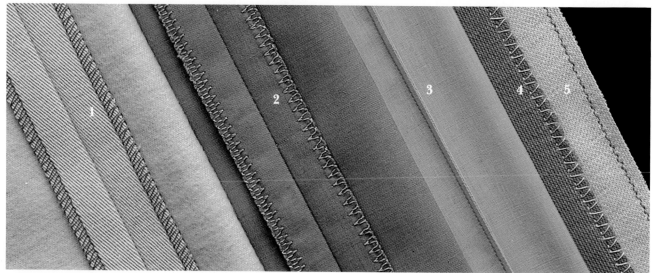

Costuras y acabados de costuras. En costuras planas, planche abiertas las pestañas de 1.5 cm (5/8''). Termine los bordes con puntada overlock (**1**) en una máquina de 3 hilos o con zigzag de 3 etapas (**2**). La costura francesa (**3**) es muy fina y no se nota del lado del derecho pero es difícil utilizarla en partes curvas. Para pestañas

de 6 mm (1/4'') en telas elásticas, utilice una puntada de sobrehilado (**4**) o una puntada de zigzag angosta (**5**); estire las costuras ligeramente mientras cose. Planche juntas hacia un lado las costuras angostas.

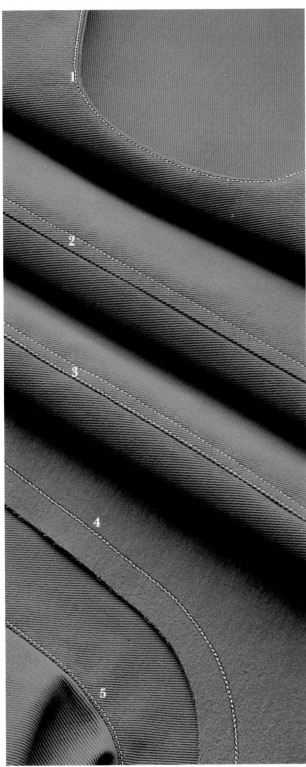

Costuras reforzadas. El bajopespunte (**1**) estabiliza la costura al unir las pestañas a las vistas. En el sobrepespunte unilateral (**2**) las pestañas se encuentran planchadas hacia uno de los lados y se aplica un sobrepespunte a la prenda. En la costura tipo inglesa (**3**) las pestañas son visibles por el lado del revés de la prenda y hay un sobrepespunte y un pespunte que corre en la orilla de la costura. El pespunte doble (**4**) consiste en coser sobre una costura anterior. El pespunte en la orilla (**5**) consiste en coser por el lado derecho de la prenda a través de ambas pestañas, tan cerca de la línea de costura como sea posible.

Costuras overlock. La costura de 3 hilos (**1**) se estira con la tela y puede utilizarse como costura o como orilla terminada, pero no se recomienda para telas de telar en áreas de tensión. La puntada de 4 hilos con cadeneta de seguridad (**2**) es fuerte y estable para telas de telar, pero no se estira en las costuras en tejidos de punto. La puntada de 4 y 3 hilos (**3**) tiene una costura adicional, se estira y puede utilizarse en tejidos de punto. La costura plana (flatlock) (**4**) es menos voluminosa y la unión queda en un solo plano.

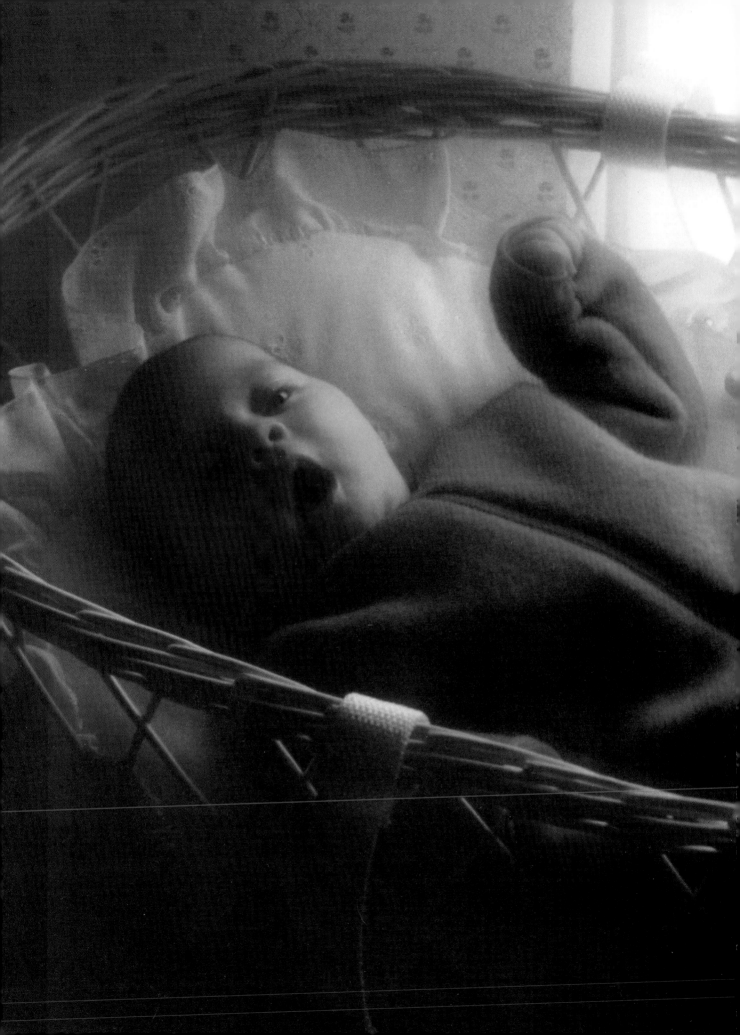

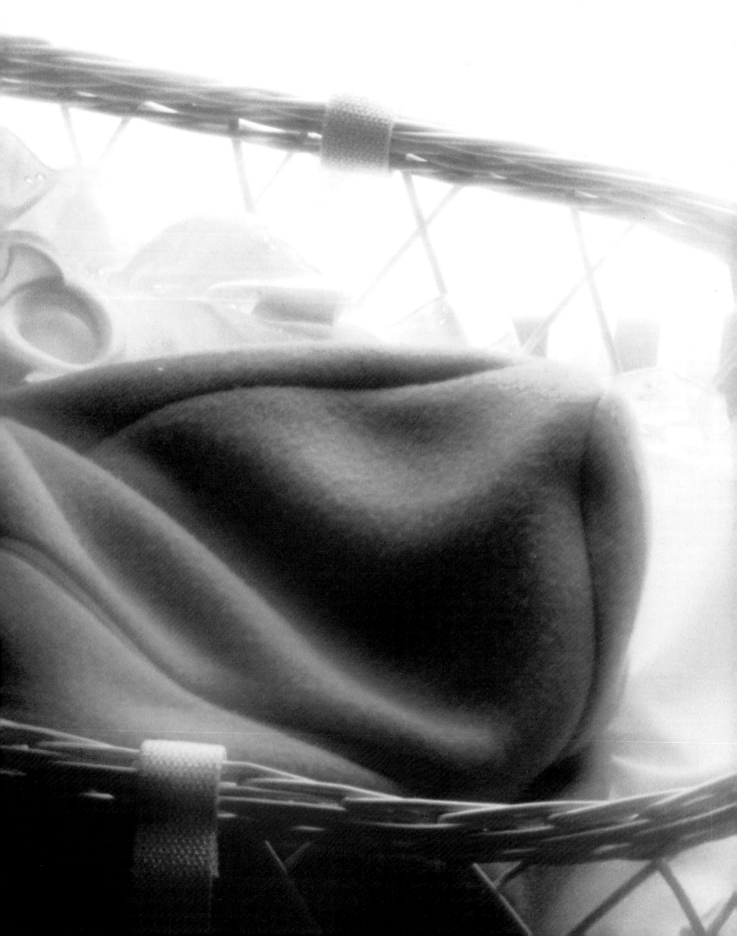

Bebés

Costura de una canastilla básica

Muchos de los artículos en una canastilla básica, como cobertores, toallas con capucha, baberos, kimonos y portabebés son fáciles de coser y son prácticos. Existen patrones disponibles para canastillas en tallas múltiples con que pueden elaborarse la mayoría de estos artículos. Para uso diario, utilice diseños simples, holgados y telas de alta calidad que sean fáciles de coser y lavar.

Las telas de algodón o con mezclas de algodón son una buena elección porque el algodón respira, absorbe humedad y es fácil de lavar. Los bebés se encuentran más cómodos en telas suaves.

Los tejidos de punto elásticos se adaptan bien al movimiento y al crecimiento, y son más fáciles de poner. Las telas de tejido plano como la franela, el crepé y el paño son adecuadas si se agrega una orilla de resorte en el cuello, las mangas y el dobladillo.

La legislación federal requiere que las prendas diseñadas para ropa de dormir infantil cumplan con las normas relativas a los pirorretardadores. Busque esta información en la orilla de los rollos de tela. El algodón debe estar mezclado con fibras sintéticas para aceptar este tratamiento.

Si selecciona estilos básicos, puede utilizar las técnicas que le ahorren tiempo y le permitan coser varias prendas en un lapso corto. Si escoge telas de alta calidad, puede coser prendas que sean mejores que el promedio de los artículos comerciales disponibles y, con frecuencia, a un costo más razonable.

Los cobertores y las toallas con capucha son importantes en una canastilla. Pueden hacerse varios cobertores o toallas a la vez. Las toallas con capucha también pueden utilizarse como toallas de playa.

Los baberos se pueden confeccionar fácilmente cosiendo una orilla de resorte y un cierre para el cuello en una toalla de manos. A los bebés de mayor edad y a los preescolares les gustan los baberos grandes provistos de mangas y bolsillos, que usted puede coordinar con varias prendas.

Los kimonos de franela suave o de tejido de punto son cómodos para el bebé durante los primeros meses de edad y el extremo inferior abierto del kimono facilita el cambio de pañales. Si las aberturas del cuello y las sisas son lo bastante grandes, la prenda puede utilizarse posteriormente como vestido o playera. Los portabebés son adaptaciones del kimono, cerrados en el extremo inferior para usarlos en exteriores; con frecuencia se confeccionan en telas acolchadas, poliéster de dos vistas o alguna otra tela gruesa y suave.

Accesorios para bebé

Se dispone de patrones para cubiertas de sillas para bebé, almohadas, pañaleras, cojines para sillas altas y otros accesorios. Todos ellos se pueden individualizar si se utilizan colores coordinados, acojinado adicional, telas cálidas, olanes o cordones. Puede ser necesario adaptar los patrones a las necesidades específicas del equipo; por ejemplo, quizás haya que ajustar la ubicación de las cintas o tiras para amarrar.

Cobertores y toallas con capucha

Los cobertores y las toallas con capucha pueden hacerse lo bastante grandes para que se ajusten al crecimiento del niño. Escoja telas en tejido plano, suaves, tibias y absorbentes, o telas de punto. Elija entre franela, interlock, jersey, tejido de punto térmico, felpa o felpa elástica. Pueden usarse dos capas en tela ligera unidas por el lado del revés. Redondee todas las esquinas para que se facilite la aplicación de la orilla.

Corte un cobertor cuadrado de 91.5 cm (36") o una toalla de 0.95 m (1 yd) en una tela de 115 ó 152.5 cm (45 ó 60") de ancho. Cuando utilice tela de 115 cm (45") de ancho, la orilla falsa y la capucha requieren un tramo adicional de 0.25 m (1/4 yd). Corte una tira para unir de 3.8 cm (1 1/2") de ancho, en dirección perpendicular al hilo de la tela, que sea 5 cm. (2") más larga que la distancia alrededor de la prenda; una varias piezas si es necesario. Planche esta orilla doblándola por la mitad, juntando los lados del revés.

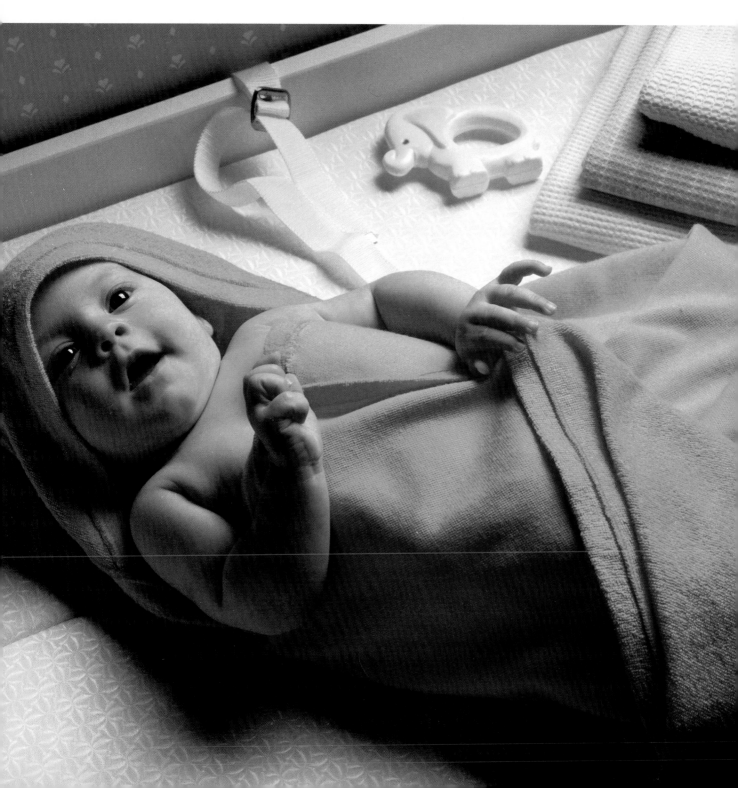

Cómo terminar las orillas con una unión falsa

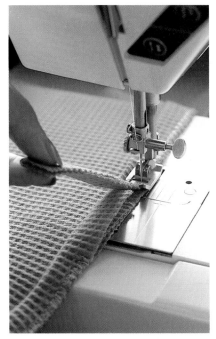

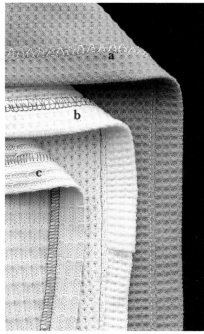

1) Utilice la puntada para sobrehilar o cosa con overlock la tira para la orilla al lado derecho de la tela, empezando a 3.8 cm (1 1/2") del extremo. Cosa hasta 5 cm (2") del principio de la tira, estirando ligeramente la tela en las esquinas; no estire la tira de orilla. (Si se utiliza puntada plana con el aditamento overlock (*flatlock*) cosa uniendo juntos los lados del revés.)

2) Doble 2.5 cm (1") de la tira de orilla hacia el interior; traslape sobre el extremo inicial. Continúe cosiendo la orilla a la tela pasando la costura sobre las puntadas previas en un tramo de 2.5 cm (1") para asegurar los extremos.

3) Vuelva la pestaña de la costura hacia el interior del cobertor o la toalla; haga un sobrepespunte a través de todas las capas de la costura sobrehilada (a) o cosida con overlock (b), para que las pestañas queden en posición plana. Si se utilizó puntada plana (c), jale la orilla y coloque la tela en posición plana.

Cómo coser una toalla con capucha

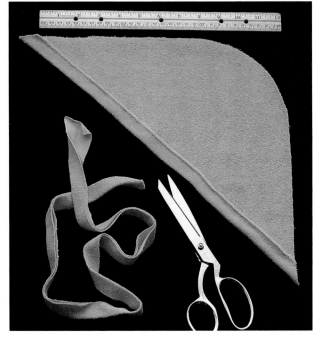

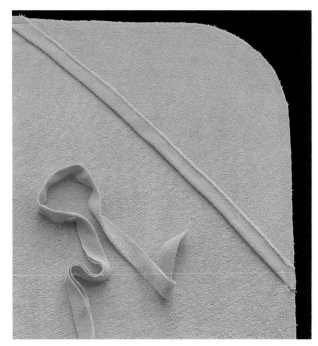

1) Corte un triángulo rectángulo con dos lados de 30.5 cm (12") en tela del mismo color o contrastante. Redondee la esquina correspondiente al ángulo recto y termine el extremo diagonal con una unión falsa como se indicó arriba.

2) Coloque el lado del revés de la capucha sobre el lado del derecho de la toalla. Cosa el triángulo a uno de los extremos redondeados de la toalla a 6 mm (1/4") de las orillas. Termine las orillas exteriores como se indicó en la parte de arriba.

Baberos

Los baberos para bebé son de confección rápida y fácil. Puede coser baberos durables en telas de felpa o de tejido de punto o utilizando toallas de manos y agregar detalles personales con técnicas simples de aplicación o con cinta de bies. Aumente la absorbencia ocupando dos capas de tela. Forre la tela de un babero con plástico suave y flexible para proteger la ropa: termine las orillas con cinta de bies doble o utilice una toalla de manos con orillas preacabadas.

Baberos con el toque personal

Coloque en el babero un juguete o un chupón utilizando una tira con broche de presión (**1**). Cosa juntos los bordes de una tira de 30.5 cm (12'') de cinta de bies de doble ancho y dóblela bajo el extremo de la tira. Fije al babero el extremo con la mitad macho de un broche de presión. Coloque la mitad hembra del broche de presión en el otro extremo de la cinta. Introduzca el juguete o el chupón en la cinta y abróchelo asegurándolo en el babero.

Puede comprar un silbato e insertarlo entre la aplicación y el babero (**2**) antes de coser la aplicación (página 91).

Una toalla de manos puede convertirse en un babero absorbente y lavable. Doble la toalla para tener doble absorbencia bajo la barba (**3**) y coloque cinta de bies doble alrededor de la orilla del cuello.

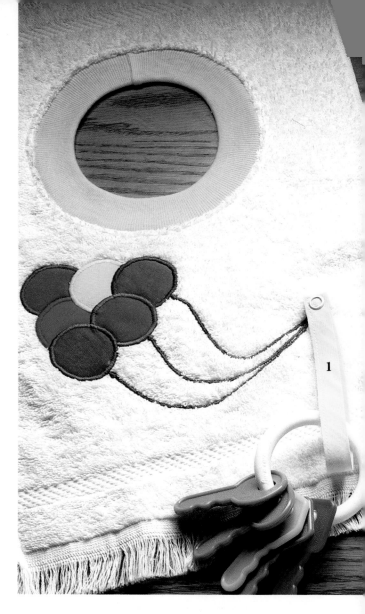

Cómo confeccionar un babero sin abertura (tipo pullover)

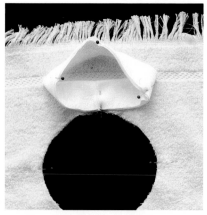

1) Utilice una toalla de manos. Corte un círculo de 12.5 cm (5'') cuyo centro esté a una tercera parte de la distancia de uno de los extremos de la toalla. Corte un tramo de cardigán de 7.5 cm (3''), con un largo que sea de dos terceras partes de la circunferencia. Una los extremos cortados para formar un círculo, dejando una pestaña de 6 mm (1/4'').

2) Doble el cardigán por la mitad poniendo juntos los lados del revés. Divida el cardigán y la orilla del cuello en cuatro partes; señálelas con alfileres. Haga coincidir los alfileres, con la costura en el centro de la espalda. Sujete con alfileres el cardigán a la orilla del cuello, emparejando los bordes cortados. Cosa una pestaña de 6 mm (1/4''), estirando el cardigán para que se ajuste a la línea del cuello.

3) Doble la pestaña hacia el babero. Haga un pespunte en la orilla a través de todas las capas.

Cómo coser un babero con cintas para atar

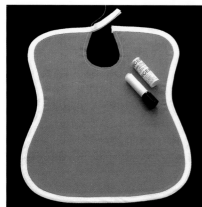

1) Planche una cinta de bies doble ancho de manera que siga la curva exterior del babero. Adhiera la cinta con goma sobre el lado cortado del babero, colocando la parte más ancha hacia el lado del revés; haga un pespunte sujetando la costura en la orilla.

2) Corte un tramo de cinta de bies, 76 cm (30'') más larga que la curva del cuello. Centre la cinta con bies sobre la orilla del cuello; aplique goma para sujetarla. Cosa en la orilla desde uno de los extremos de las cintas alrededor de la línea del cuello hasta llegar al otro extremo. Haga unos refuerzos en la cinta de bies en los extremos del babero (flecha) con puntada de zigzag inmóvil; haga un nudo en cada uno de los extremos.

Alternativa. Corte una toalla de manos de la misma manera que se describió para el babero sin abertura, página opuesta. Doble la abertura del cuello de manera que forme un semicírculo. Cosa con zigzag los bordes cortados usando puntada ancha. Aplique cinta de bies para atar y termine el cuello como en el paso 2 a la izquierda.

Kimonos

Las técnicas que ahorran tiempo le permiten cortar y coser varios kimonos a la vez. La abertura del cuello en telas de tejido plano debe medir cuando menos 2.5 a 5 cm (1 a 2'') más que la cabeza del bebé. La abertura en las telas de punto no necesita ser tan grande porque el tejido de punto se estirará ajustándose sobre la cabeza. Para coser prendas en tallas para bebés, utilice

el método de costura plana: complete la mayor parte de la costura que sea posible estando la prenda plana. El acceso a las partes en prendas muy pequeñas se hace difícil una vez que las costuras están terminadas. Aplique todas las orillas de resorte cuando las costuras estén todavía abiertas.

Cómo coser un kimono con cardigán (método de costura plana)

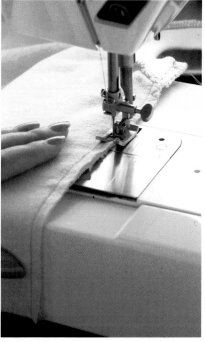

1) **Mida** y corte el cardigán para el cuello, los puños de las mangas y la parte inferior de la prenda (página 17); doble a la mitad a lo largo. Haga una puntada recta o de overlock en el delantero y la espalda de la prenda, uniéndolas en la costura del hombro con los lados del derecho juntos.

2) **Divida** el cardigán y la orilla del cuello en cuatro partes; marque las posiciones con alfileres. Sujete el cardigán con alfileres a la orilla del cuello en las marcas y en los extremos. Haga puntada de sobrehilado o de overlock en una costura de 6 mm (1/4"), estirando el cardigán para que se ajuste a la orilla del cuello a medida que cose.

3) **Haga** una costura recta o de overlock en la otra costura del hombro, teniendo juntos los lados del derecho; tenga cuidado de que la orilla del cardigán y la costura coincidan. Termine las orillas de las pestañas si es necesario.

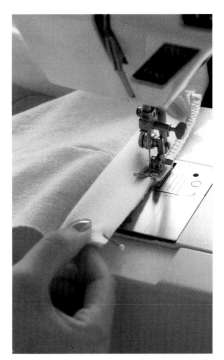

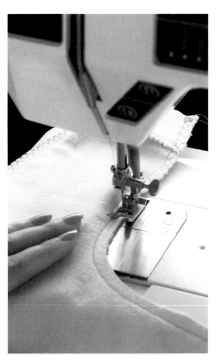

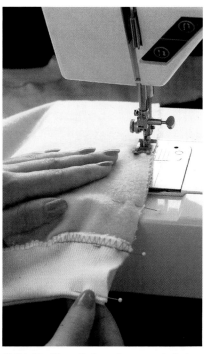

4) **Divida** el cardigán y la orilla del puño por la mitad; marque con alfileres la posición. Sujete con alfileres y repita la operación que se indica en el paso 2, arriba.

5) **Cosa** con puntada recta o con overlock una de las costuras bajo el brazo, teniendo juntos los lados del derecho; haga coincidir cuidadosamente la orilla del cardigán y la orilla de la costura. Termine los bordes de las pestañas de la costura si es necesario.

6) **Divida** El cardigán y el extremo inferior; sujete con alfileres y cosa como se indicó en el paso 2, arriba. Cosa la otra costura bajo el brazo de la misma manera que en el paso 5, a la izquierda. Termine las pestañas de la costura si es necesario.

Kimonos con detalles personales

Para agregar una abertura, corte el frente del kimono y aplique una tira continua. Coloque la abertura descentrada, de manera que los broches para cerrar se alinien exactamente en el centro del frente.

En las prendas para niños, marque la abertura a la derecha del centro para superponer la izquierda sobre la derecha. Para una prenda de niñas, marque la abertura a la izquierda del centro para superponer la derecha sobre la izquierda. Las fotografías que siguen corresponden a un kimono para niña. Marque una

abertura de 15 cm (6") a 1 cm (3/8") de la línea central en el frente para que la aletilla terminada tenga un ancho de 2 cm (3/4"). Corte una tira de unión de 30.5 cm × 5 cm (12" × 2") siguiendo el hilo de la tela. Planche la tira doblándola a la mitad, a lo largo, con los lados del revés juntos. Abra la tira y plánchela a 6 mm (1/4") en una de las orillas largas.

Para un patrón de kimono sin puños, agregue mitones en las mangas que puedan doblarse sobre las manos del bebé. Termine el kimono con un cuello de mandarín y broches de presión.

Cómo aplicar una abertura continua integrada

1) Marque la abertura de la aletilla y corte la vista como se indica arriba. Haga un pespunte para fijar a 6 mm (1/4") de la línea marcada, reduciendo la pestaña en la punta. Acorte las puntadas a 1.3 cm (1/2") a cada lado de la punta y en la punta haga una puntada corta. Corte a lo largo de estas líneas, sin cruzar la punta.

2) Sostenga la abertura de la aletilla en posición recta; asegure con alfileres a la orilla sin planchar de la vista, uniendo los lados del derecho. Cosa con pespunte dejando una pestaña de 6 mm (1/4") en la vista; los bordes cortados sólo coinciden en los extremos de la costura. Agregue los mitones en las mangas como se indica en la página opuesta. Cosa las costuras de los hombros. Agregue el cuello, página opuesta.

3) Coloque el borde planchado de la tira de vista sobre la línea de costura de la parte superpuesta, teniendo juntos los lados del *revés*; sujete con alfileres. En la parte que cruza por debajo, coloque el borde planchado sobre la línea de costura, teniendo juntos los lados del *derecho*; sujete con alfileres. Cosa las partes que se traslapan en la línea del cuello.

4) Doble la vista al interior de la prenda, conservando el doblez sobre la línea de costura. Haga un pespunte sobre la vista por encima de la costura anterior; cosa hasta llegar a 2.5 cm (1") del cuello.

5) Sujete con alfileres el traslape superior, aplanándolo sobre el interior de la prenda. Marque la línea de sobrepespunte sobre el derecho de la parte traslapada superior, cerca del doblez interno.

6) Haga un sobrepespunte a través de la prenda y la vista, empezando en el extremo inferior de la parte superpuesta (flecha); siga la línea marcada haciendo un giro de pivote y cosa hasta llegar a la línea del cuello. Gire de nuevo; cosa en la orilla alrededor del cuello a través de las pestañas de la costura y de la prenda, estirando ligeramente. Aplique un broche de presión o remache en la parte superior de la aletilla.

Cómo unir un cuello de mandarín

1) Corte el cardigán para el cuello con un ancho de 5 cm (2") y el largo de 5 cm (2") más corto que la abertura del cuello. Doble a la mitad a lo largo. Marque el centro de la espalda. Aplique las aletillas como en los pasos 1 y 2 de la página opuesta. Doble los delanteros, haciendo coincidir las costuras de los hombros; marque con un alfiler el punto medio entre las costuras de la aletilla (flechas) para señalar los centros de los delanteros ajustados.

2) Sujete con alfileres el cuello a la orilla del escote en el centro de la espalda con los lados del derecho juntos y haciendo coincidir los bordes cortados. Coloque un alfiler sobre el lado doblado del cuello a 6 mm (1/4") de cada uno de los extremos cortos. Haga coincidir los alfileres con los centros de los delanteros; asegure firmemente. Cosa el cuello a la orilla del escote, estirándolo para que se ajuste. Recorte el cuello para hacerlo coincidir con el borde del escote. Complete la aletilla siguiendo los pasos 3 a 6 de la página opuesta.

Cómo agregar mitones a las mangas

1) Corte el cardigán para el mitón de la manga con un largo de 15 cm (6") siguiendo el hilo de la tela y con un ancho 2.5 cm (1") mayor que el ancho de la mano. Doble el cardigán a la mitad transversalmente a 7.5 cm (3") y colóquelo bajo el extremo de la manga. Recórtelo para darle la forma de la manga. Cosa el cardigán doblado por el lado del revés atrás del borde inferior de la manga, dejando una pestaña de 6 mm (1/4") y haciendo coincidir los bordes cortados. Vuelva el mitón hacia el lado del derecho.

2) Sujete con alfileres el delantero y la espalda del kimono en las costuras del hombro y debajo del brazo, unidos los lados del derecho. Doble la pestaña del dobladillo del delantero de la manga sobre la parte correspondiente a la espalda en la manga terminada. Cierre las costuras del hombro y debajo del brazo.

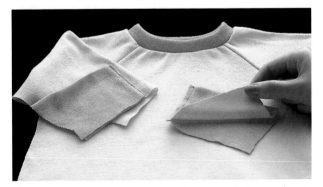

3) Voltee la pestaña del dobladillo en el delantero de la manga de manera que encierre las pestañas de las costuras. No voltee la prenda al derecho. Haga un sobrepespunte en el dobladillo cosiendo a través de la parte trasera de la manga y del mitón. Si lo desea utilice agujas gemelas.

Manga de una pieza. Doble el cardigán como se indica en el paso 1 anterior. Corte el mitón de manera que sea la mitad del ancho de la manga con una pestaña de 6 mm (1/4"). Haga una costura de 6 mm (1/4") en uno de los extremos cortos; vuelva la costura al interior. Coloque el mitón sobre el lado del derecho en la parte de atrás de la manga, teniendo la costura en el centro; haga un pespunte en la orilla por el centro del extremo corto. Cierre la costura bajo el brazo. Vuelva al revés la pestaña del dobladillo. Haga un sobrepespunte en el dobladillo como se indicó en el paso 3 a la izquierda.

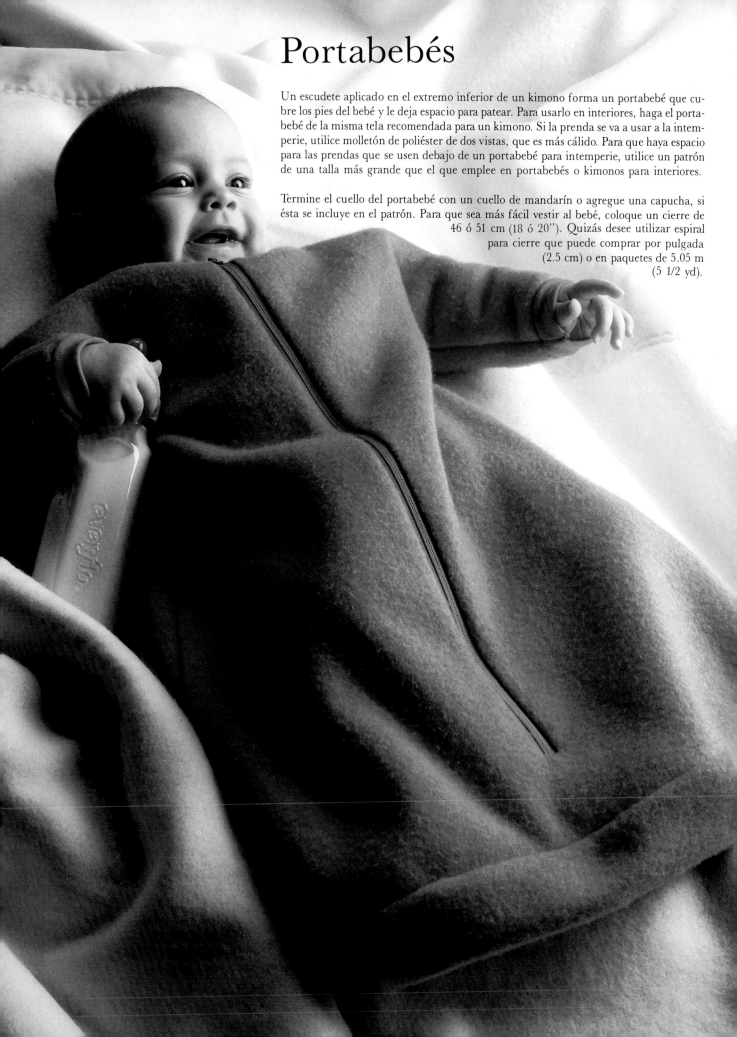

Portabebés

Un escudete aplicado en el extremo inferior de un kimono forma un portabebé que cubre los pies del bebé y le deja espacio para patear. Para usarlo en interiores, haga el portabebé de la misma tela recomendada para un kimono. Si la prenda se va a usar a la intemperie, utilice molletón de poliéster de dos vistas, que es más cálido. Para que haya espacio para las prendas que se usen debajo de un portabebé para intemperie, utilice un patrón de una talla más grande que el que emplee en portabebés o kimonos para interiores.

Termine el cuello del portabebé con un cuello de mandarín o agregue una capucha, si ésta se incluye en el patrón. Para que sea más fácil vestir al bebé, coloque un cierre de 46 ó 51 cm (18 ó 20''). Quizás desee utilizar espiral para cierre que puede comprar por pulgada (2.5 cm) o en paquetes de 5.05 m (5 1/2 yd).

Cómo construir un cierre utilizando espiral para cierres

1) Corte el cierre 5 cm (2'') más largo que la abertura de la prenda. Marque la posición del tope de la jaladera a 3.8 cm (1 1/2'') del estremo inferior del cierre. Abra el cierre aproximadamente 2.5 cm (1''). Corte una muesca a 1.3 cm (1/2'') de la marca para el tope.

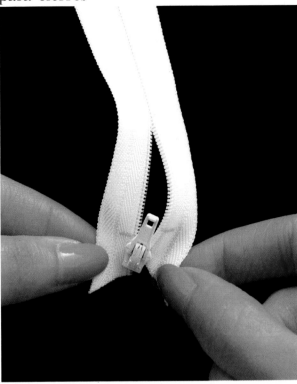

2) Inserte un lado de la espiral del cierre en la parte superior de la jaladera, teniendo el lado plano del cierre y la jaladera de frente; inserte el otro lado, empujándolo suavemente a la jaladera del cierre.

3) Abra la espiral por encima de la jaladera del cierre. Ciérrelo parcialmente. Haga una puntada de refuerzo con zigzag en un sólo punto, en el lugar donde hizo la marca, con objeto de asegurar el extremo inferior del cierre.

4) Asegure los extremos superiores de la espiral con puntadas de refuerzo a 1.3 cm (1/2'') de los extremos. El cierre está listo para aplicarse a la prenda.

Cómo insertar un cierre en un portabebé

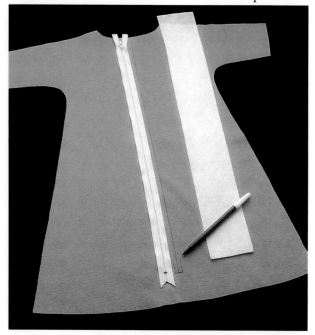

1) Marque la línea para la abertura del cierre en el centro del delantero, desde la orilla del escote hasta el tope del cierre. Trace las líneas de costura a través del extremo inferior y a 6 mm (1/4") a cada lado de la línea. Corte un tramo de tela para estabilizar, de 7.5 cm (3") de ancho y 5 cm (2") más larga que la abertura del cierre; aplíquela con goma por el lado del revés de la tela, por debajo de la línea de la abertura.

2) Cosa a través de la línea inferior de costura, gire en la esquina y siga cosiendo hasta la orilla del escote a 6 mm (1/4") de la línea marcada, utilizando aproximadamente 15 puntadas cada 2.5 cm (una pulgada). Repita en el otro lado de la línea, empezando en la parte inferior de la marca para costura.

3) Corte la línea del centro muy cuidadosamente hasta llegar a 6 mm (1/4") de la línea inferior. Haga cortes diagonales en las esquinas inferiores, sin atravesar las costuras.

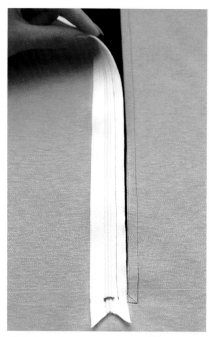

4) Coloque una orilla del cierre a lo largo de la orilla de la abertura, con los lados del derecho juntos y haciendo coincidir el tope inferior del cierre con la parte inferior de la línea de costura. Con la prenda hacia arriba, cosa sobre la puntada anterior, desde el tope del cierre hasta la orilla del escote, utilizando el pie para cierres. Repita en la otra orilla, cosiendo de abajo hacia arriba.

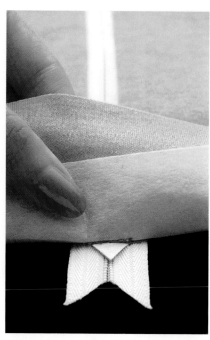

5) Doble hacia atrás la parte de abajo de la prenda y el estabilizador en la parte inferior del cierre, exponiendo el triángulo de la línea de costura y el extremo de la cinta del cierre. Haga una costura doble a través del triángulo para asegurarlo al cierre. Retire el estabilizador.

Cómo coser un escudete en un portabebé

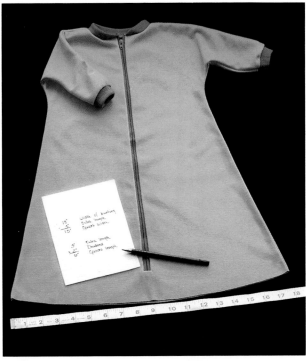

1) Complete el portabebé, excepto el dobladillo. El escudete aumenta el largo de la prenda en 7.5 cm (3''). Para terminar el ancho del escudete, reste 7.5 cm (3'') al ancho del portabebé en el extremo inferior. El largo del escudete es 15 cm (6'') o el doble del largo adicional.

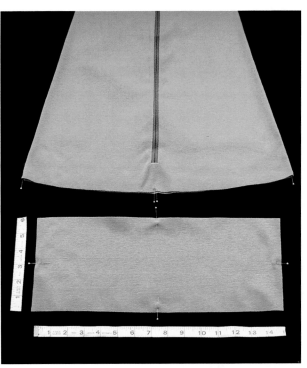

2) Corte un rectángulo de tela para el escudete, de acuerdo con las medidas determinadas en el paso 1, a la izquierda. Divida las orillas del escudete y del portabebé en cuatro partes; marque estas posiciones con alfileres.

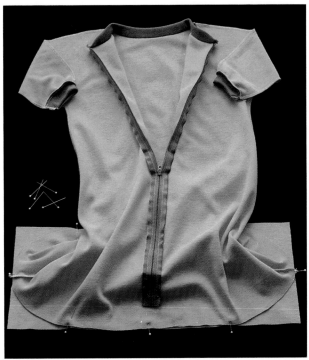

3) Sujete con alfileres el escudete a las marcas, con los lados derechos juntos y haciendo coincidir los bordes cortados. Coloque otro alfiler a la mitad entre las marcas iniciales, dejando que el portabebé siga una curva natural en las esquinas.

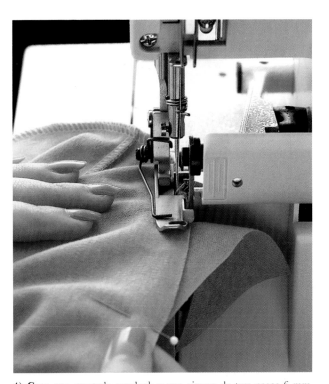

4) Cosa con puntada overlock o con zigzag de tres pasos 6 mm (1/4'') alrededor de la orilla inferior del portabebé, utilizando el borde cortado de éste como guía para la costura. Las cuchillas del overlock recortarán el exceso de tela en las esquinas; si utiliza puntada de zigzag de tres pasos, recorte el escudete antes de coser.

Decoración del cuarto del bebé

Cuando usted planifica la decoración de un cuarto para bebé, quizás desee considerar el uso de colores neutros en el papel tapiz y la pintura. Reserve el toque de color de la decoración para los accesorios que se pueden cambiar o adaptar fácilmente a medida que el niño crece. La elección tradicional para un cuarto de bebé son los colores pastel, pero no pase por alto otras opciones como los colores primarios intensos.

Usted puede encontrar muchas ideas para la decoración de cuartos para el bebé en revistas, libros de decoración y tiendas de papel tapiz o tela. Seleccione un tema para unificar la decoración del cuarto y utilice sus aptitudes creativas y su capacidad en la costura para realizar proyectos como aplicaciones, figuras acolchadas (*trapunto*) o estarcir.

Existen patrones y equipos para confeccionar cubrecamas, almohadones protectores, pañaleras, móviles, colgaduras para pared, cojines para sillas de bebé y juguetes. La costura para el cuarto del bebé puede ser todavía más fácil si se utilizan los equipos que incluyen todo excepto la aguja y el relleno. Cuando se utilizan equipos completos, no es necesario comprar patrones porque las formas se encuentran estampadas sobre la tela. Probablemente quiera decorar los móviles y las colgaduras de pared con botones, listones o borlas y colocar pieles sintéticas a las figuras de animales.

Accesorios para el cuarto del bebé

Almohadones para cuna. Las formas suaves, acojinadas y coloridas, se unen con listón. Ate estos almohadones a los lados o a los pies de la cuna para que el bebé se divierta pateándolos.

Móvil. Corte, cosa y rellene algunas formas sencillas. Átelas a un gancho para móvil. Colóquelo sobre la cuna o cuélguelo del techo sobre la mesa-vestidor para entretener al bebé con su colorido y movimiento.

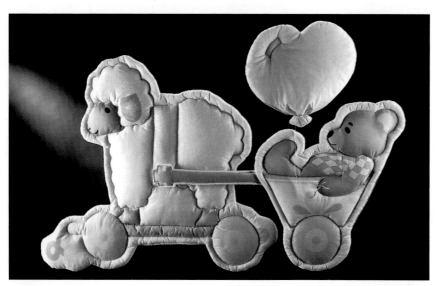

Colgadura para pared. Utilice uno de los equipos o juegos comerciales con tela estampada para confeccionar una enorme colgadura para la pared o corte una forma libre siguiendo algún diseño estampado. Haga resaltar el diseño con colchadura a máquina.

Pañalera. Cuelgue la pañalera en un lugar conveniente. Un gancho reforzado y un trozo de cartón colocado en el fondo le dan forma a la tela.

Cabecera y protectores para cuna. Para que la cuna sea segura y cómoda para el bebé, cosa una cabecera acojinada y almohadones protectores. Utilice como relleno espuma de plástico o fibra de poliéster. Confecciónelo por piezas separadas y únalo a la cuna con cintas.

Sábanas ajustables para cuna

Las sábanas ajustables para cuna pueden coordinarse con los accesorios como son los almohadones protectores o las cubrecamas. Las telas que proporcionan mayor comodidad y elasticidad son el interlock o las telas en tejido de punto de jersey.

Determine la cantidad de tela necesaria para el tamaño de su colchón. El ancho de la tela es igual al ancho del colchón más dos veces la altura, más 15 cm (6") para las pestañas y la orilla ajustable. El largo de la tela es igual al largo del colchón más dos veces su altura, más 15 cm (6"). El cuadro que se corta en cada esquina es igual al alto del colchón más 7.5 cm (3").

Para un colchón de 68.5 × 132 × 12.5 cm (27" × 52" × 5") en una cuna para 6 años, corte un rectángulo de 109 × 173 cm (43" × 68"), tomándolo de un trozo de tela de punto de 1.85 m (2 yd) de largo, con un ancho de 152.5 cm (60").

El ancho de la sábana deberá ser perpendicular al hilo de la tela o a la dirección que sea más elástica. Corte un cuadrado de 20.5 cm (8") en cada una de las esquinas.

Cómo coser una sábana ajustable para cuna

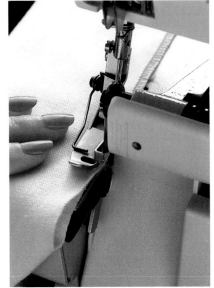

1) Corte un cuadrado en cada una de las esquinas de la sábana, como se indica arriba. Doble la sábana en cada esquina juntando los lados del derecho y haciendo coincidir los bordes cortados. Cosa la costura de la esquina en una máquina overlock dejando una pestaña de 6 mm (1/4"), o utilice puntada de zigzag angosta en una máquina convencional.

2) Corte dos tiras de resorte de 6 mm (1/4") de ancho, con un largo que sea 7.5 cm (3") menor que el ancho del colchón. Por el lado del revés de la sábana, sujete con un alfiler el centro del resorte al centro de cada uno de los extremos más cortos de la sábana. Sujete la orilla del resorte a 15 cm (6") de la costura de las esquinas.

3) Cosa con overlock o zigzag el resorte a los bordes cortados, como en el paso 3, página 74. Continúe cosiendo en los bordes, entre los extremos del resorte, hasta acabar todos los bordes cortados. Haga un dobladillo de 6 mm (1/4") hacia el revés de la sábana, cubriendo el resorte. Cosa el dobladillo con sobrepespunte, estirando el resorte.

Colchas para cuna

Las telas preacolchadas cortadas en paneles facilitan la hechura de un cubrecama para cuna. Estas telas estampadas tienen aproximadamente 115 cm (45") de ancho y 91.5 cm (36") de largo. También pueden utilizarse telas preacolchadas. Las capas de tela casi siempre incluyen una tela superior de algodón y poliéster, acolchada con relleno de borra de poliéster. El soporte puede ser tricot de nylon cepillado o una tela estampada o lisa que coordine, con el mismo contenido de fibra que la tela superior. Para terminar los bordes del panel, utilice un adorno prefrunci-

do y cinta de bies de un solo doblez o un olán coordinado unido con cinta de bies.

Compre un tramo de adorno 12.5 cm (5") más largo que la distancia alrededor del panel. Para facilitar la aplicación del adorno, redondee todas las esquinas del cubrecama, utilizando un plato para formar la curva. Cosa alrededor del cubrecama a 6 mm (1/4") de la orilla para asegurar el relleno y para facilitar la aplicación del adorno.

Cómo aplicar adornos prefruncidos y cintas de bies

1) Sujete con alfileres el adorno a la orilla del panel de manera que el lado del revés del adorno coincida con la parte de abajo del panel; empiece cerca de una de las esquinas. Desvíe la orilla del adorno curvándolo en dirección a la pestaña, de manera que los bordes se superpongan y las orillas terminadas se desvanezcan hacia el borde cortado. Reduzca el exceso de pliegues del volante en las esquinas, de manera que el volante descanse plano al darle vuelta.

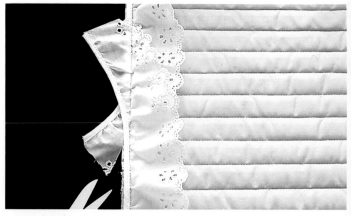

2) Cosa a 6 mm (1/4") de la orilla cortada (como se muestra en la fotografía) alrededor del panel. Desvíe la orilla del adorno curvándola en dirección a la pestaña, de manera que los bordes se superpongan y las orillas terminadas se desvanezcan hacia el borde cortado. Recorte las orillas de la tira de adorno prefruncida, hasta emparejarlas con la orilla del panel.

Cómo aplicar un olán con cinta de bies

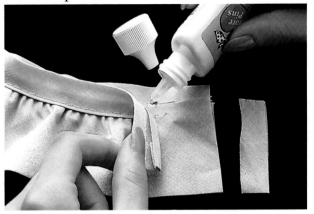

1) Descosa un tramo de 3.8 cm (1 1/2") en la cinta de bies. Recorte el exceso del volante emparejándolo con la cinta de bies. Planche hacia el interior 1.3 cm (1/2") del volante y ambas cintas. Fije las cintas con goma a ambos lados del volante.

2) Inserte la orilla del panel en la cinta de bies, teniendo hacia arriba los lados del derecho; sujete con alfileres. (El lado derecho del adorno es el que tiene la cinta de bies más angosta con la puntada más llamativa.) Cosa la cinta al panel con pespunte en la orilla empezando a 2.5 cm (1") del extremo de la cinta.

3) Cosa hasta 5 cm (2") de la orilla. Corte el excedente del adorno, dejando un tramo de 1.3 cm (1/2"); inserte en el extremo doblado del adorno.

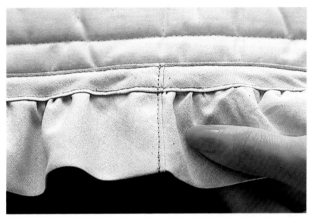

4) Termine de coser la cinta al panel, superponiendo la costura a la anterior. Cosa la parte descosida en el otro extremo de la cinta, superponiendo la costura sobre la original. Cosa juntos el olán y la cinta en la abertura, haciendo un pespunte en la orilla.

3) Abra la cinta de bies de un solo doblez de 1.3 cm (1/2"); doble hacia abajo 6 mm (1/4") en uno de los extremos. Coloque este doblez de la cinta sobre el adorno, teniendo juntos los lados del derecho, sobre la costura anterior; haga una costura en el doblez. Para terminar, superponga la cinta 1.3 cm (1/2") sobre el extremo doblado.

4) Vuelva la cinta hacia el lado derecho de la colcha, cubriendo los bordes cortados del adorno y del panel. (Posiblemente sea necesario recortar las pestañas.) Sujete la cinta en su sitio con alfileres. Cosa con pespunte el lado libre de la cinta sobre el panel, utilizando hilo de color igual al de la cinta y en la bobina hilo del color del revés de la colcha.

Planificación del guardarropa

Planee el guardarropa del niño antes de empezar a coser. Si las prendas que cose están coordinadas, serían más versátiles y tendrían un aspecto diferente en cada combinación. El niño puede seleccionar fácilmente prendas que se usen juntas. La planificación de un guardarropa no significa que todas las prendas deben confeccionarse a la vez.

Empiece a planear el guardarropa tomando en cuenta los colores. Observe qué colores están de moda en las prendas comerciales y cuáles son los que le gustan al niño. Muchas prendas y colores son adecuados para cualquiera de los sexos, de manera que una gran parte del guardarropa puede ser utilizado por niños y niñas.

Decida cuáles serán los colores básicos del guardarropa. Para los artículos básicos seleccione colores y telas que puedan usarse durante todo el año. Pida muestras de telas cuando haga sus compras. Las prendas para niños no requieren grandes cantidades de tela, de manera que guarde los remanentes del color de las prendas de su guardarropa. Quizás desee comprar adornos en colores coordinados para uso futuro.

Prendas básicas en el guardarropa

Las prendas fundamentales en el guardarropa de un niño incluyen camisas, pantalones, overoles, una chamarra; y para las niñas, una falda y un jumper. Para coser estos artículos, quizás desee escoger un patrón simple que contenga instrucciones para coser varias prendas y cambiar las telas, los adornos y los acabados.

Puede utilizar un patrón básico de pantalones para confeccionar pants, pantalones de mezclilla con valencianas enrolladas, shorts y pantalones con bragueta falsa. Con un patrón de playera, puede confeccionar una playera con una aletilla tipo rugby y una playera tipo pullover con un bolsillo de canguro. De un patrón de falda, confeccione una falda con una bragueta falsa y otra con una pretina en cardigán. Un vestido simple con canesú puede ser un vestido para escuela o para fiesta, dependiendo de la tela que se use.

Detalles personales

Para individualizar las formas simples de los patrones, utilice telas de color coordinadas en bloques de color. Mezcle telas de telar con telas de punto. Cosa el talle de una camisa con una aletilla en tela de telar y las mangas en tela de punto. Utilice vivos para acentuar la línea de cuello, las sisas, las costuras laterales o los bolsillos. Repita los adornos, como son las aplicaciones o los botones, en las playeras para que coordinen con los pantalones o faldas.

Aumente la durabilidad

A medida que confecciona las prendas infantiles considere aumentar su durabilidad. Las costuras y las rodillas están sujetas a una gran tensión durante la colocación de las prendas y el juego, pero ambas áreas se pueden reforzar fácilmente mientras cose la prenda.

Las costuras son más vulnerables en el tiro, los hombros, el cuello y las sisas. Refuerce las costuras en el tiro y las sisas con pespunte doble, imitación de costura inglesa o con pespuntes en la orilla. Refuerce la costura en el hombro y el cuello con un acabado decorativo utilizando agujas gemelas (página 54), cosiendo antes de cruzar con otra costura. Cosa los dobladillos a máquina para darles mayor resistencia en la vida activa (página 24).

El área de las rodillas se desgasta con mayor rapidez que cualquier otra parte en las prendas infantiles y es poco accesible para llevar a cabo las composturas. Las técnicas de costura plana le permiten reforzar las áreas de las rodillas mientras confecciona la prenda.

Parches

Los parches más durables son los de tela de telar con tejido muy cerrado. Coloque entretela, relleno o acojinado en los parches para dar mayor duración y protección, especialmente en el caso de niños pequeños que gatean. Fusione el parche a la prenda para facilitar la aplicación y reforzarlo.

Las rodilleras dobles y los parches decorativos se cortan de acuerdo con la talla del niño. Para bebés, corte el parche de 9 × 10 cm (3 1/2'' × 4''); para preescolares, de 9.5 × 12.5 cm (3 3/4'' × 5''); para niños, de 11.5 × 15 cm (4 1/2'' × 6'').

Redondee las esquinas de los parches decorativos para facilitar la aplicación y eliminar las esquinas agudas que podrían atorarse o rasgarse.

Rodilleras dobles. aplique parches para rodilleras dobles (página 54) al lado del derecho o del revés de la prenda. La capa de tela doble da mayor resistencia al área de la rodilla. También puede acojinar el área con borra de poliéster y acolchar a máquina para aumentar la durabilidad.

Bolsillos ampliados. Un bolsillo ampliado (página 77) sirve a la vez como bolsillo y como rodillera doble. Se aplica por el lado del derecho de la prenda.

Parches decorativos en rodilleras. Para lograr un parche de rodillera decorativo, utilice tijeras de picos para cortar diversas formas en suave molletón de poliéster de dos vistas, que no se deshilacha. Aplique con goma para fijar la posición y haga un sobrepespunte en la prenda. Coordine el color del parche con cardigán o con otro adorno. Para aplicar un parche con vivos (página 55), seleccione dos telas coordinadas para el parche y para el vivo. Acolche la tela del parche, si así lo desea, antes de aplicar el vivo. Los parches pueden repetirse en los codos.

Cómo reforzar las costuras utilizando una aguja doble

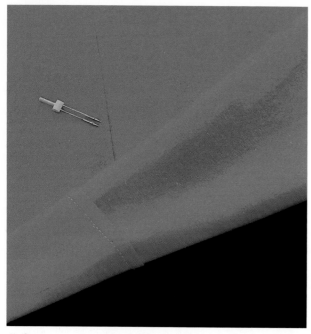

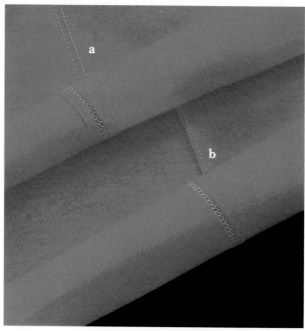

1) Cosa una costura plana. Planche las pestañas hacia un lado o abiertas; recorte a 6 mm (1/4''). Inserte la aguja doble en la máquina convencional.

2) Cosa, centrando la línea de costura (**a**) entre las dos hileras de costura. Si las pestañas se plancharon hacia un lado (**b**), será preferible coser en el canal de la costura con una de las agujas, mientras la otra pasa a través de la prenda y las pestañas.

Cómo colocar parches dobles para rodilleras

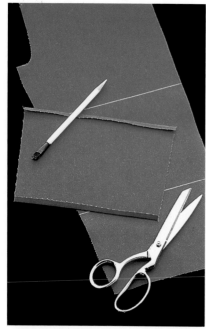

1) Corte dos parches de 16.3 cm (6 1/2'') de largo y el ancho del patrón a la altura de la rodilla; planche un doblez hacia adentro, de 6 mm (1/4''), en las orillas largas. Marque las líneas de colocación en el delantero de la pierna del pantalón a una distancia de 7.5 cm (3'') por arriba y por debajo del centro de la rodilla.

2) Corte la borra de poliéster al tamaño del parche terminado; colóquela por el revés del parche por debajo de las pestañas de 6 mm (1/4''). Engome el parche y colóquelo en su posición sobre las líneas de colocación previamente marcadas. Cosa las orillas más largas haciendo un sobrepespunte en la orilla.

3) Acolche el parche sobre la prenda haciendo un sobrepespunte con la máquina de coser que atraviese todas las capas para dar resistencia adicional. Confeccione la prenda de acuerdo con las instrucciones del patrón.

Cómo agregar rodilleras decorativas

1) Corte dos parches de tamaño apropiado (página 52); redondee las esquinas. Aplique red fusionable con soporte de papel planchándola sobre el revés de los parches. Corte dos tiras de tela para los vivos de 2.5 por 61 cm (1" por 24"); corte al sesgo en telas de telar o en dirección perpendicular al hilo en telas de punto.

2) Planche las tiras a la mitad por lo largo, juntando los lados del revés. Cosa al lado derecho de cada parche, haciendo coincidir los bordes cortados y con una pestaña de 6 mm (1/4").

3) Curve los extremos del vivo hacia la pestaña de la costura, de manera que se superpongan los extremos doblados y desvanezca hacia el borde cortado. Recorte el vivo emparejándolo con la orilla cortada del parche.

4) Recorte la pestaña a 3 mm (1/8"). Planche la pestaña hacia el lado del revés del parche, jalando el vivo hacia afuera. Retire el soporte de papel de la red fusionable.

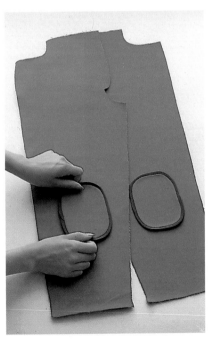

5) Fusione un parche al frente de la pierna del pantalón, paralelo a la línea del dobladillo y de manera que el centro del parche se encuentre ligeramente por debajo del centro de la rodilla. En la otra pierna del pantalón, alinee el segundo parche con el primero; fusione.

6) Cosa el parche a la prenda, haciendo un pespunte en el canal de la orilla del vivo. Termine los pantalones siguiendo las instrucciones del patrón.

Holgura para el crecimiento

Al confeccionar ropa para niños dele holgura para el crecimiento, que le permita obtener el máximo uso de las prendas. Sin este espacio adicional, un niño que crezca rápidamente no podrá usar una prenda que le gusta, aunque esté en buenas condiciones. El lugar que más se presta para añadir holgura son las orillas inferiores o los dobladillos de las mangas. Los puños forrados y doblados pueden bajarse gradualmente a medida que el niño crece. Para dar un aspecto coordinado, escoja una tela de forro que sea igual a la de la camisa o a otra parte del conjunto. Corte el forro al hilo de la tela o en diagonal; añada interés con telas a cuadros o a rayas. Cuando cosa una prenda que tenga tirantes, agregue a éstos un largo adicional y utilice hebillas de overol para ajustar el largo fácilmente.

Cardigán. Haga el cardigán del doble del ancho recomendado; dóblelo hacia arriba y desdóblelo gradualmente para dar mayor largo a medida que el niño crece. Agregue cardigán a las mangas o piernas de pantalón que ya son demasiado cortas abriendo el dobladillo y utilizando esta línea como nueva línea de costura.

Insertos y franjas. Haga un diseño cuidadoso para que las proporciones terminadas se encuentren balanceadas y corte la orilla inferior de la prenda. Corte un inserto de tela coordinada, encaje o tira bordada, 2.5 cm (1") más ancho que el largo deseado, para poder dejar pestañas de 6 mm (1/4") en el inserto y en la prenda. Cosa la orilla superior del inserto a la prenda y, después, cosa la sección inferior de la prenda al inserto. Las franjas de adorno con orillas terminadas pueden coserse al lado derecho o al revés de una prenda a la altura del dobladillo para dar un largo adicional.

Cómo añadir puños forrados

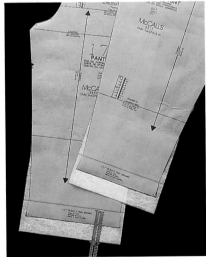

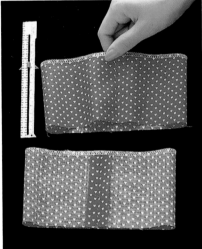

1) Ajuste el patrón en el dobladillo; alargue la pestaña del dobladillo a 6.5 cm (2 1/2"). Enderece las costuras laterales sobre la línea original del dobladillo en una distancia de 10 cm (4") para eliminar la zona oblicua. Corte la prenda; móntela de acuerdo con las instrucciones del patrón, pero no haga el dobladillo.

2) Corte dos puños de 9 cm (3 1/2") de ancho y 2.5 cm (1") más largos que la circunferencia de la manga o de la pierna terminada. Una los extremos cortos del puño, juntando los lados del derecho, con una pestaña de 1.3 cm (1/2"); planche la costura abierta. Cosa con overlock o sobrehile la orilla superior, o haga un doblez de 6 mm (1/4") y planche.

3) Cosa el puño a la prenda teniendo juntos los lados del derecho y emparejando los bordes cortados, dejando una pestaña de 6 mm (1/4"); haga coincidir la costura del puño con la costura interior. Dé vuelta al puño en la línea de costura y plánchelo hacia el lado del revés de la prenda; haga un sobrepespunte en el extremo superior e inferior. Doble el puño hacia el lado del derecho.

Camisas

Para tener un patrón de camisa versátil, escoja un estilo básico de playera con cuello redondo. Con un sólo patrón, usted puede confeccionar varias camisas cambiando el diseño con diferentes cuellos, puños y acabados en los dobladillos.

La elección de la tela también amplía la variedad. La mayoría de los patrones de playeras holgadas se pueden confeccionar en telas de punto ligeras o en telar para clima cálido. El molletón o la franela sirven para confeccionar camisas abrigadoras para climas más frescos.

Para coser fácilmente una camisa de niño, quizás desee cambiar la secuencia de costura que indican las instrucciones usuales del patrón. Haga la mayor parte de la costura que sea posible mientras la prenda está plana. Los bolsillos y las aplicaciones se colocan con mayor facilidad antes de cerrar cualquier costura. El método de costura plana para poner cardigán (página 35) es más

fácil en las tallas para preescolares, donde las aberturas del cuello y las sisas son pequeñas. Con el método de costura tubular (página 60) se obtienen mejores resultados y es preferible usarlo en las tallas para niño.

Los cuellos, puños y pretinas prefabricados se venden por separado o en juegos. Tienen una orilla preacabada lo que les da un aspecto terminado y se encuentran disponibles en colores lisos o con una variedad de rayas y acabados en la orilla.

Los cuellos, puños y pretinas prefabricadas deben ser de 2.5 a 7.5 cm (1 a 3") más pequeños que la abertura. Si no encuentra la talla apropiada para el niño, recorte y ajuste una talla para adultos. Para playeras o camisas con cuello convertible utilice un cuello preacabado. Para terminar un bolsillo con orilla de cardigán utilice puños prefabricados.

Cómo aplicar cuellos, puños y pretinas prefabricados

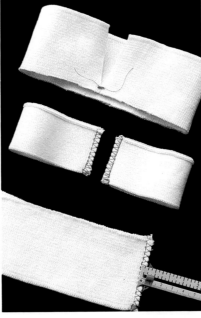

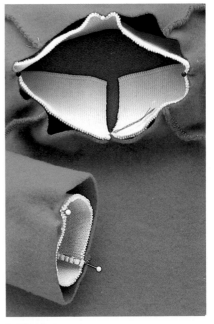

1) Recorte los extremos cortos de manera que el cuello, los puños y la pretina sean de 2.5 a 7.5 cm (1 a 3'') más cortos que la orilla de la prenda; en los cuellos recorte una cantidad igual en cada extremo. Si lo desea recorte el ancho. Aplique líquido para evitar que se deshilachen los extremos cortos del cuello.

2) Empareje los extremos del cuello y únalos con un refuerzo de presilla haciendo puntada de zigzag en un solo punto, justamente en el interior de la costura del escote. Una los extremos cortos del puño y la pretina dejando una pestaña de 6 mm (1/4'').

3) Divida las orillas del cuello, la pretina y la prenda en cuartos; divida los puños y las mangas a la mitad. Coloque los extremos del cuello en el centro del delantero, las costuras de los puños en las costuras de las mangas y la costura de la pretina en la costura lateral. Únalos de la misma manera que se indicó en la página 60, pasos 2 y 3, para poner el cardigán.

Cómo aplicar un cuello y cardigán prefabricados

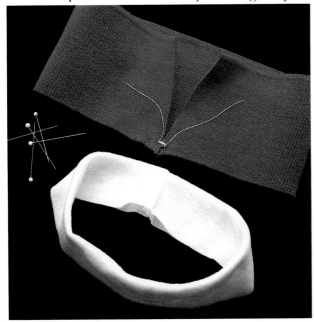

1) Recorte el cuello prefabricado, si es necesario, como se indica en el paso 1, arriba. Sobrehile los extremos y únalos con un refuerzo de presilla haciendo puntada de zigzag en un solo punto justamente por dentro de la línea de costura del escote. Corte el cardigán para un cuello redondo angosto, página 17. Una los extremos dejando una pestaña de 6 mm (1/4''); dóblelo por mitad a lo largo, uniendo los lados del revés. Divida la orilla del cuello, el cardigán y el escote en cuatro partes; marque con alfileres.

2) Sujete con alfileres el cardigán al lado derecho de la prenda, en la orilla del escote, haciendo coincidir las marcas de los alfileres y los bordes cortados; coloque la costura del cardigán en la costura de la espalda de una manga raglán, en la costura del hombro, o en el centro de la espalda. Sujete con alfileres el cuello sobre el cardigán, haciendo coincidir los bordes cortados. Coloque los extremos del cuello en el centro del delantero. Cosa estirando el cardigán y el cuello para ajustarlos a la orilla del escote como en el paso 3, página 60.

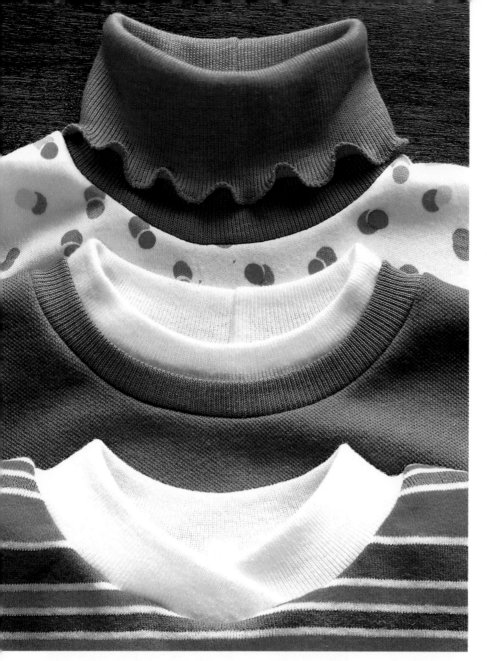

Orillas de cardigán

El cardigán da un acabado atractivo en cuellos, puños o pretinas, ya sea en telas de punto o de telar. Cuando se utiliza cardigán para terminar una camisa confeccionada en tela de telar, verifique el tamaño de la abertura del cuello en el patrón para asegurarse de que la prenda pasará por la cabeza del niño. Las aberturas del cuello deben ser de 2.5 a 5 cm más grandes que la cabeza del niño. Quizás sea necesario agrandar la abertura o utilizar un patrón de talla más grande.

El cardigán no tiene revés ni derecho, de manera que puede doblarse hacia cualquier lado. Puede aplicarse utilizando el método de costura plana (página 35) o el método tubular, que se menciona a continuación. Usted puede utilizar el método tubular en aberturas grandes para un mejor acabado porque la costura que une el cardigán al círculo queda oculta. Haga la costura del cardigán donde sea menos visible.

En un cuello con cardigán doble, combine dos tiras de cardigán de diferente ancho. Si el cardigán va traslapado, corte un cuello redondo normal y traslape los extremos en lugar de unirlos en círculo.

Puede utilizar la orilla de escarola para acabar la orilla del cardigán o de la tela de punto para darle un toque femenino. Combine el color del hilo con el de la tela o utilice un color coordinado.

Cómo aplicar cardigán utilizando el método tubular

1) Corte el cardigán a dos terceras partes del largo de la abertura del escote; corte un ancho normal para el cuello redondo (página 17). Una los extremos del cardigán con una pestaña de 6 mm (1/4''). Doble el cardigán a la mitad a lo largo Divida las orillas del cardigán y la prenda en cuatro partes; marque con alfileres.

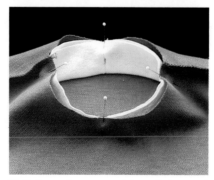

2) Coloque la costura del cardigán en el centro de la espalda o en la costura del hombro; sujete con alfileres el cardigán al lado derecho de la prenda, haciendo coincidir los bordes cortados y las marcas de los alfileres.

3) Cosa con overlock o con una puntada de sobrehilado (página 24) para unir el cardigán a la prenda, dejando una pestaña de 6 mm (1/4''); el cardigán se encuentra en la parte de arriba y los bordes cortados coinciden. Estire el cardigán entre los alfileres para ajustarlo a la prenda.

Cómo aplicar cardigán doble

1) Corte dos tramos de cardigán que midan dos terceras partes del largo de la abertura del escote; el ancho del cardigán que corresponda al cuello redondo normal y el otro tramo de cardigán para un cuello redondo angosto (página 17). Una los extremos cortados de cada tramo de cardigán dejando una pestaña de 6 mm (1/4'').

2) Doble cada pieza de cardigán a la mitad, a lo largo, juntando los lados del revés. Sujete con alfileres el cardigán angosto sobre el ancho, haciendo coincidir los bordes cortados y las costuras. Divida las orillas del cardigán y de la prenda en cuatro partes y marque con alfileres.

3) Coloque las costuras de cardigán en el centro de la espalda o en la costura del hombro. Sujete el cardigán con alfileres al lado derecho de la prenda haciendo coincidir las marcas, con el cardigán ancho en la parte superior y parejas las orillas cortadas. Cosa de la misma manera que en el método tubular, paso 3, página opuesta.

Cómo aplicar cardigán traslapado

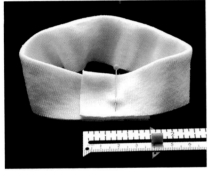

1) Corte el cardigán con un largo igual a dos tercios del largo de la abertura del cuello, más 3.8 cm (1 1/2''); corte el ancho correspondiente al cuello redondo normal (página 17). Doble por la mitad a lo largo. Traslape los extremos en 2 cm (3/4''); marque el centro del traslape con un alfiler.

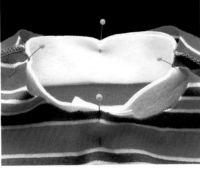

2) Divida el cardigán y la prenda en cuatro partes; marque con alfileres. Sujete con alfileres el cardigán al lado derecho de la prenda, con el centro de la superposición en el centro del delantero y haciendo coincidir los bordes cortados, así como las marcas de los alfileres.

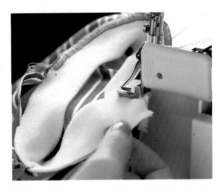

3) Curve los extremos del cardigán hacia la pestaña de la costura de manera que los extremos doblados se superpongan y se desvanezcan hacia los bordes cortados. Cosa como en el método tubular, paso 3, página opuesta, empezando en el centro de la espalda.

Cómo acabar el cardigán y los tejidos de punto con orilla de escarola

Método convencional. Haga puntada de zigzag con puntadas cerradas sobre el doblez del cardigán, o sobre la orilla doblada del dobladillo, colocando el doblez en el centro del prensatelas y estirando la tela mientras cose. Mientras más se estire la tela, más fruncida quedará la orilla. Para dobladillos, recorte la pestaña del dobladillo cerca de la costura.

Método overlock. Ajuste la máquina overlock para dobladillos enrollados siguiendo las instrucciones del fabricante. Cosa a lo largo del doblez del dobladillo en el extremo doblado, estirando la tela a medida que cose. Mientras más estire la tela, quedará la orilla más fruncida. Para dobladillos, recorte la pestaña del dobladillo cerca de la costura.

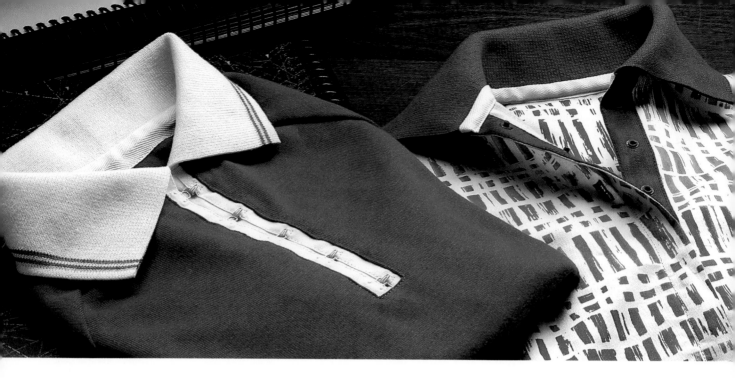

Aberturas en camisas

Para que la colocación de la prenda sea más fácil haga una abertura en los cuellos cerrados y ajustados. En las aberturas puede utilizar telas de punto o de telar. Para dar variedad a una camisa o blusa, combine telas de punto y de telar en la prenda y en la abertura. También puede coordinar las prendas del guardarropa utilizando telas coordinadas en las aberturas.

Coloque cinta de broches de gancho en el frente de la abertura. Para darle una vista bonita a la aletilla cuando esté abierta, termine las orillas del cuello con cinta asargada o de bies. Coloque el cuello en un color igual o coordinado.

La cinta de broches de presión puede agregar un detalle decorativo. En telas gruesas y tejidos de punto, utilice cinta de broches de presión en lugar de botones y ojales. Es fácil de aplicar y los niños dominan su uso con rapidez.

Cosa las cintas para los cierres cuidadosamente para mantener la alineación del diseño de la tela. Si no dispone de cinta de broches de presión o de gancho, o de cinta asargada en el color que usted necesita, tiña la cinta para combinarla con la tela de la prenda. Preencoja todas las cintas antes de aplicarlas a las prendas.

Cómo aplicar cinta de broches de gancho a la abertura de una camisa

1) Marque una línea de 15 cm (6") en el centro del delantero. Empezando en la orilla del escote, haga un pespunte a 1 cm (3/8") de la línea. Gire en el extremo inferior de la aletilla y cosa 2 cm (3/4") en dirección horizontal; gire nuevamente. Acorte las puntadas en las esquinas y en la orilla inferior. Continúe cosiendo hasta llegar a la orilla del escote.

2) Corte la línea central hasta 6 mm (1/4") del extremo inferior; haga cortes diagonales hacia las esquinas, como en el paso 3, página 40. Planche hacia abajo las pestañas en las líneas de los pespuntes. Corte la cinta de ganchillos de manera que sea 1.3 cm (1/2") más larga que la abertura. Centre la cinta en la abertura colocando el primer gancho a 2.5 cm (1") por debajo de la línea cortada. Engome la cinta para fijarla y haga un sobrepespunte utilizando el prensatelas para cierres.

3) Una las costuras de los hombros. Recorte el cuello prefabricado como en el paso 1, página 59. Cosa el lado del revés del cuello al lado derecho de la prenda en la orilla del escote, teniendo los extremos del cuello en las orillas de la cinta. Sujete o cubra la costura del escote con cinta asargada como se indica en los pasos 5 y 6 de la página opuesta.

Cómo aplicar tira de broches de presión a la abertura total de una camisa

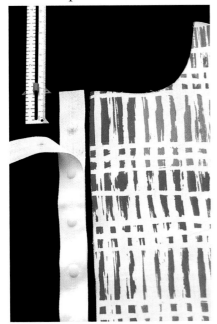

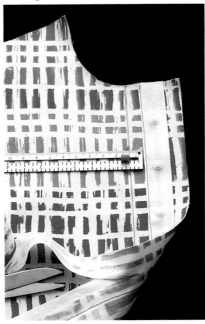

1) Corte la tira de broches de presión al largo de la abertura, teniendo el broche superior y el inferior aproximadamente a 2.5 cm (1") de los bordes cortados. Planche un dobladillo doble angosto hacia el lado del revés de la prenda.

2) Marque el centro del delantero en el lado del *derecho* de la *superposición*. Engome la cinta a la vista, teniendo hacia arriba el lado correspondiente a la unión macho y la orilla a 1 cm (3/8") del centro del delantero. Cosa en la orilla lo más cerca que sea posible del centro del delantero, utilizando el pie para cierres; en el extremo inferior, dé vuelta a la cinta para hacerla coincidir con el dobladillo planchado. Recorte la vista a 6 mm (1/4").

3) Marque el centro del delantero en el lado del *revés* de la parte que cruza por debajo. Engome la cinta a la vista teniendo hacia arriba el lado hembra de los broches y a 1 cm (3/4") del centro del delantero. Cosa en la orilla lo más cerca que sea posible del centro del delantero, utilizando el pie para.cierres; en el extremo inferior dé vuelta a la cinta para hacerla coincidir con el dobladillo planchado. Recorte la vista a 6 mm (1/4").

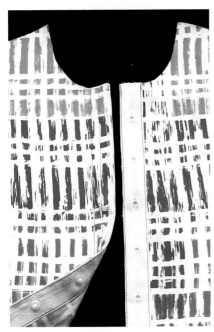

4) Vuelta el lado de los broches machos hacia el lado del revés por la orilla cosida; vuelva el lado de los broches hembra al lado del derecho por la orilla cosida. Planche ligeramente. Cosa la orilla de los bordes libres de la tira de broches a la prenda. Una las costuras de los hombros. Recorte el cuello prefabricado como en el paso 1, página 59.

5) Una el cuello como en el paso 3, página opuesta. Corte un tramo de cinta asargada de 2 cm (3/4") de ancho que sea 2.5 cm (1") más largo que la orilla del escote. Uniendo los lados del derecho y teniendo parejos los bordes, cosa la cinta a la orilla del cuello sobre la costura anterior. En los extremos, doble la cinta hacia el lado del revés.

6) Doble la cinta asargada sobre la prenda cubriendo las pestañas de la costura. Cosa la cinta asargada a la orilla de la prenda; retroceda en ambos extremos para asegurar la costura.

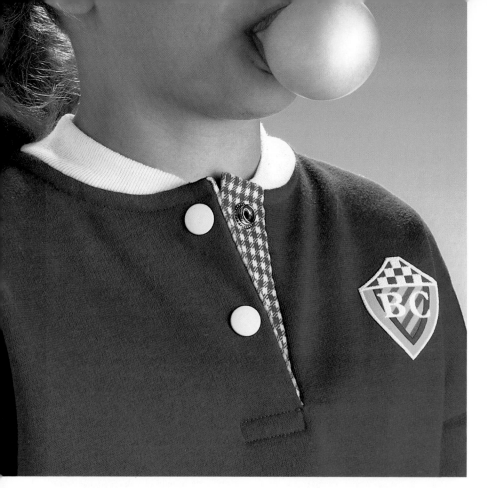

Aberturas tipo rugby

Para lograr un acabado comercial puede agregarse una abertura tipo rugby a una playera común. En las prendas para niñas marque la abertura de la aletilla a la izquierda del centro para traslapar la derecha sobre la izquierda. En una prenda para niños, marque la abertura de la aletilla a la derecha del centro para traslapar la izquierda sobre la derecha. El centro del delantero se encuentra en el centro de la aletilla cerrada. Las fotografías que siguen muestran la abertura para una playera de niña.

Forre la abertura con la misma tela o con una tela que combine. Coloque entretela en la aletilla utilizando entretela fusionable. Deslice ligeramente hacia afuera la vista de la parte superpuesta para que tenga un borde decorativo

Cómo hacer una abertura tipo rugby

1) Corte la vista de la abertura de 11.5 cm (4 1/2") de ancho por el largo de la abertura, más 5 cm (2") adicionales; coloque entretela. Termine los extremos largos con costura de overlock o pespunte con zigzag de tres pasos. Marque una línea de corte de 12.5 a 15 cm (5 a 6") en el lado derecho de la vista, a 3.8 cm (1 1/2") de uno de los extremos largos.

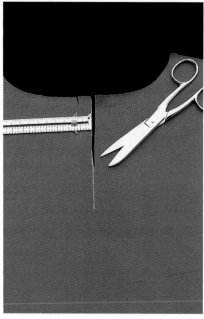

2) Marque el centro del delantero de la prenda con un corte. Marque una línea de corte de 12.5 a 15 cm (5 a 6"), 1.5 cm (5/8") a la izquierda del centro del delantero para las niñas, o a la derecha del centro del delantero para los niños. Abra el corte.

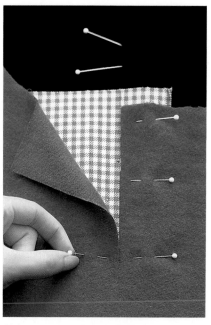

3) Asegure con alfileres la vista a la prenda, manteniendo juntos los lados del derecho, con el borde de la vista a 1.3 cm (1/2") por encima de la orilla del escote y con la línea de corte marcada en la vista directamente debajo de la abertura de la prenda. El lado angosto de la vista se encuentra en la parte derecha del delantero cuando es una camisa para niñas; a la izquierda del delantero, si es para niños.

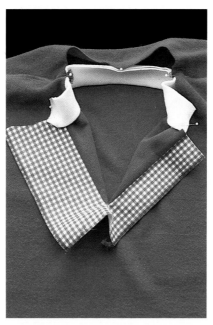

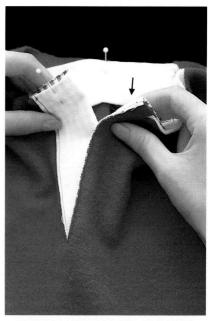

4) Cosa alrededor del corte sobre la prenda dejando una pestaña de 3 mm (1/8'') en los bordes cortados; utilice 12 a 14 puntadas por 2.5 cm (1''). Acorte las puntadas cerca de la punta; haga dos puntadas que atraviesen la punta. Corte la vista en la línea del corte, llegando hasta la costura en la punta. Recorte la vista para igualarla a la curva del escote.

5) Una las costuras de los hombros. Vuelva la vista al lado del revés de la prenda. Sujete con alfileres el cuello al escote, poniendo juntos los lados del derecho de manera que coincidan las marcas del centro de la espalda. Los extremos del cuello están 1.5 cm (5/8'') más allá de la costura en la abertura inferior y en la marca del centro del delantero en la abertura superior.

6) Doble la abertura interior a la mitad, teniendo juntos los lados del derecho. Doble la abertura superior teniendo juntos los lados del derecho, con la costura de la aletilla a 3 mm (1/8'') del doblez (flecha). Haga un pespunte en la costura del escote; recorte las esquinas.

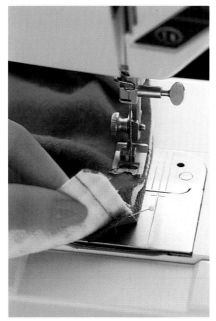

7) Corte cinta asargada de 2 cm (3/4'') para la orilla del escote, de manera que la cinta sea lo bastante larga para superponerse al borde terminado de cada vista más un sobrante de 1.3 cm (1/2''). Sujete la cinta con alfileres sobre el cuello teniendo juntos los lados del derecho y haciendo coincidir los bordes; cosa sobre la costura anterior. Voltee las vistas hacia el revés; voltee la cinta sobre la pestaña del cuello y sujétela con alfileres a la prenda.

8) Cosa con pespunte en el canal (flecha) de la costura de la abertura inferior. Asegure con alfileres la abertura superior a la prenda de manera que en el doblez se vean 3 mm (1/8'') de la vista; planche. Cosa en el canal de la costura en la abertura superior, empezando desde el extremo inferior hasta la línea del escote; haga girar la costura y haga un sobrepespunte a 6 mm (1/4'') de la costura del escote para asegurar la cinta.

9) Cierre la abertura; planche. Cosa un rectángulo de 6 mm (1/4'') de largo y el ancho de la abertura para asegurar todas las capas en el extremo inferior de ésta. Haga un refuerzo de presilla en la punta del corte con puntada de zigzag en un solo punto. Recorte el sobrante de la vista por debajo del rectángulo de costura. Aplique remaches o botones y ojales en el centro del delantero.

Bolsillos

A los niños les gustan los bolsillos, los cuales pueden ser a la vez funcionales y decorativos. Considere la ubicación del bolsillo y su tamaño. Coloque los bolsillos en donde el niño pueda alcanzarlos fácilmente y hágalos lo bastante grandes para contener varios objetos.

La mayoría de los estilos y formas de bolsillos pueden utilizarse en camisas, chamarras, pantalones y faldas. Pruebe la forma y el tamaño utilizando una plantilla cortada al tamaño final. Sea creativa en la ubicación de los bolsillos, su forma y adornos. Es más fácil unir los bolsillos a la prenda antes de cerrar las costuras.

Agregue un bolsillo de canguro a las playeras y sudaderas. El bolsillo de canguro es un bolsillo de parche grande que tiene aberturas laterales. Sujete este bolsillo en las costuras laterales y en la pretina y ponga un adorno o vivo en el extremo superior.

Los bolsillos con orilla de cardigán pueden coordinarse con los cuellos y puños de punto. Para mantener el tamaño original del bolsillo, acórtelo en una cantidad igual al ancho terminado del cardigán.

Cómo coser un bolsillo de canguro

1) Corte el bolsillo del mismo ancho que la prenda y la mitad del largo desde la orilla del escote en el centro del delantero hasta la orilla inferior. Corte aberturas oblicuas para las manos en ángulo desde la mitad lateral del bolsillo, hasta una tercera parte del ancho en el borde superior; redondee las esquinas en el borde superior.

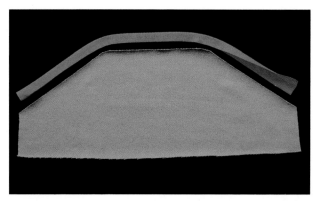

2) Corte una tira de tela para el vivo de 3.2 cm (1/4'') de ancho y el largo de la orilla superior del bolsillo; corte en dirección perpendicular al hilo en tejidos de punto o al sesgo en tejidos de telar. Doble la tira a la mitad por lo largo juntando los lados del revés; planche.

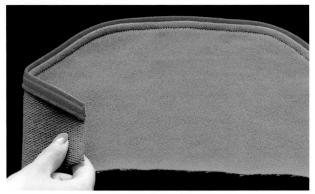

3) Cosa el vivo por el lado derecho del bolsillo en la orilla superior, igualando los lados cortados, con una costura de 1 cm (3/8''). Planche las pestañas al lado del revés del bolsillo con el vivo vuelto hacia arriba; haga un sobrepespunte en la orilla superior del bolsillo a 6 mm (1/4'') de la costura.

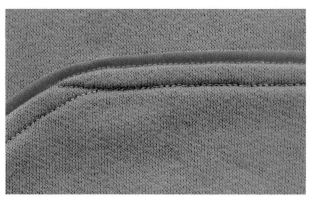

4) Engome el bolsillo sobre la prenda, haciendo coincidir las costuras laterales y la orilla inferior. Haga un sobrepespunte en la orilla superior del bolsillo cosiendo sobre la costura previa; no cierre las aberturas para las manos. Refuerce con costura en los canales del vivo; retroceda en las orillas para reforzarlas.

Cómo coser un bolsillo con ribete de cardigán

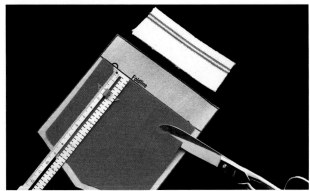

1) Corte el bolsillo con pestañas de 1 cm (3/8'') a los lados y en el borde inferior. Recorte el bolsillo 2 cm (3/4'') por debajo de la orilla superior terminada. Cuando utilice puños prefabricados, corte el puño 1.3 cm (1/2'') más corto que el ancho del bolsillo y con un ancho de 3.2 cm (1 1/4''). Cuando utilice cardigán, córtelo 1.3 cm (1/2'') más corto que el ancho del bolsillo y con un ancho de 6.5 cm (2 1/2''); doble a la mitad, a lo largo.

2) Cosa el puño prefabricado o el cardigán a la orilla superior del bolsillo, con los lados del derecho juntos, dejando una pestaña de 6 mm (1/4''); estire el puño o el cardigán para que se ajuste. Planche la costura hacia el bolsillo; planche 1 cm (3/8'') al interior en la orilla inferior y en los lados del bolsillo. Termine de la misma manera como se hizo en los bolsillos de parche, paso 3, página 79.

Cierres visibles

Usted puede dar color a una camisa insertando un cierre no separable de manera que los dientes estén visibles. Se encuentran cierres en diversos colores y pueden combinarse con una vista que se deslice al lado del derecho para dar la impresión de ser un vivo. Las vistas pueden hacerse en un color contrastante o en una tela estampada que combine, a cuadros o a rayas.

Un cierre visible se inserta en una abertura en el delantero de la camisa. Las costuras en el cuello que se terminan con cinta asargada o de bies son durables y la cinta cubre la costura del cuello que será visible al abrir el cierre.

Cómo colocar un cierre visible

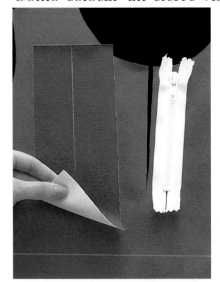

1) Marque en el centro del delantero de la prenda el largo de los dientes del cierre, más una pestaña adicional; corte por la marca. Corte la vista con 9 cm (3 1/2") de ancho y 6 cm (2 1/4") más largo que el corte. Coloque entretela de punto o de la tela ligera en las vistas; marque la línea del centro.

2) Sujete con alfileres la vista a la prenda, con los lados del derecho juntos, colocándola 2 cm (3/4") arriba de la orilla del escote y con la línea marcada bajo el corte. Cosa con pespunte a 6 mm (1/4") del corte, hasta 6 mm (1/4") por debajo del extremo del mismo corte; gire la costura y haga un pespunte de 1.3 cm (1/2"). Vuelva a girar la costura; siga el pespunte hasta la orilla del escote. Recorte el sobrante de la vista en la orilla del cuello.

3) Corte la vista sobre la línea marcada; haga cortes diagonales en las esquinas. Cosa con overlock o zigzag las orillas cortadas de la vista. Vuelva la vista hacia el interior, deslícela 3 mm (1/8") hacia el lado del derecho en la línea del corte; planche.

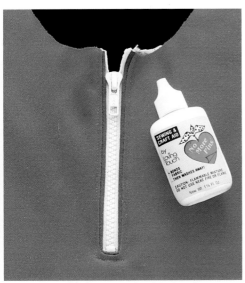

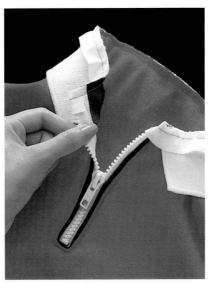

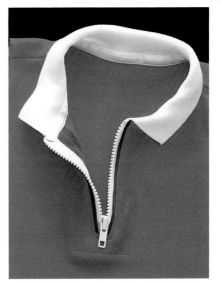

4) Centre el cierre bajo la abertura con los dientes visibles y el tope del cierre en el extremo inferior de la abertura; engómelo en su sitio. Haga un sobrepespunte, utilizando el pie para cierres, a una distancia de 3 a 6 mm (1/8 a 1/4") de la orilla, a través de todas las capas. Cosa las costuras de los hombros.

5) Ponga el cuello con los extremos en la orilla de la vista. Corte cinta asargada de 2 cm (3/4"), 2.5 cm (1") más larga que la orilla del cuello. Sujete con alfileres la cinta a la orilla del escote, junte los lados del derecho y haga coincidir los bordes; enróllela 1.3 cm (1/2") alrededor del cierre. Cosa sobre las puntadas anteriores en la orilla del cuello.

6) Doble la cinta asargada sobre la prenda, ocultando las pestañas. Cosa en la orilla de la cinta alrededor del borde exterior de la vista y del borde inferior de la cinta. Complete la prenda de acuerdo con las indicaciones del patrón.

Cierres separables

Utilice cierres visibles y separables como un toque decorativo en las playeras o chamarras para niños que se confeccionan en telas cálidas y durables como pana, mezclilla, molletón o franela en poliéster de dos vistas.

Antes de aplicar un cierre, complete la prenda, incluyendo el cuello y la orilla inferior de acuerdo con las instrucciones en el patrón. Recorte las pestañas en la abertura del delantero a 1 cm (3/8") y recorte la pestaña en la costura del cuello a 6 mm (1/4"). Termine la línea del cuello y las tiras del cierre con cintas de bies para que quede un adorno bien hecho y decorativo.

Si no dispone de la talla correcta del cierre, compre un cierre más largo. El cierre se puede cortar para ajustarlo durante la aplicación.

Cómo aplicar un cierre separable

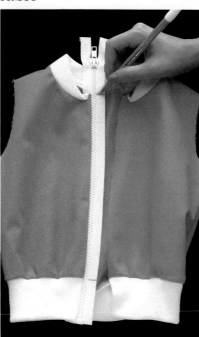

1) Recorte las pestañas en el cuello y en la abertura del delantero, como arriba. Sujete con alfileres un lado del cierre abierto a la orilla de la chaqueta, juntos los lados del derecho, que coincidan los bordes, y con el tope inferior en el extremo de abajo. Cosa cerca de los dientes del cierre desde la orilla inferior hasta el escote; deje el exceso del cierre en la orilla del escote.

2) Cierre el cierre y marque el alineamiento de la costura, o el diseño de la tela. Abra el cierre. Haga coincidir las marcas en el cierre con las de la chaqueta, sujete con alfileres y cosa el otro lado del cierre como se hizo en el paso 1.

3) Corte dos tiras de bies (página 101) de 5.3 cm (2 1/8") de ancho y 2.5 cm (1") más largas que la abertura del cierre. Corte otra tira de bies con 4 cm (1 5/8") de ancho y el largo de la orilla del escote. Planche todas las tiras a la mitad, a lo largo, juntando los lados del revés.

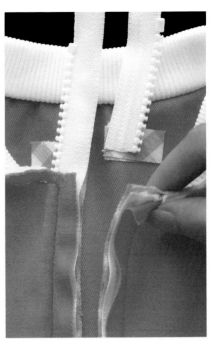

4) Coloque la cinta para unir sobre la cinta del cierre, emparejando los bordes cortados de la tira de unión y del cierre. Envuelva 1.3 cm (1/2") de la tira de unión ajustándola firmemente al extremo inferior del cierre; deje un exceso de 1.3 cm (1/2") de la tira de unión en la orilla del escote. Cosa sobre la costura anterior empezando por el extremo inferior.

5) Haga girar la prenda y siga cosiendo a lo largo de la costura del escote hasta el doblez de la tira de unión. Si el cierre es más largo que la abertura, mueva la rueda de la máquina de coser con la mano para coser entre los dientes del cierre.

6) Recorte el exceso de la tira al nivel de la orilla cortada del escote. Recorte el sobrante del cierre dejando un diente más sobre la línea de costura. Repita la aplicación de la tira de orilla en el otro lado.

7) Coloque la tira de unión sobre el cuello, teniendo parejos los bordes cortados. Extienda las orillas de la tira de unión en el escote 6 mm (1/4") sobre la tira del cierre; recorte el exceso. Cosa la tira de unión del escote sobre la costura anterior.

8) Doble las tiras de unión hacia el lado del revés. Hilvane las tiras de unión a la prenda sobre el doblez. Cosa en la orilla el borde doblado de la tira de unión al delantero de la chaqueta, empezando en la orilla inferior. Gire la costura en el doblez de la tira de unión del escote.

9) Siga cosiendo alrededor del doblez de la tira de unión en el escote y hacia abajo en el doblez de la otra tira en el delantero. Haga un refuerzo de presilla en la parte inferior del cierre, cosiendo con puntada de zigzag en un solo punto.

Pantalones y faldas

Los pantalones y las faldas son artículos básicos en el guardarropa de un niño. Los más fáciles de coser son los que tienen pretinas elásticas.

En faldas y pantalones confeccionados en telas gruesas como mezclilla, pana y franela, utilice telas de punto ligeras o telas de telar, decorativas y menos voluminosas, para la pretina. Una buena selección para una pretina son el cardigán o la tela de punto que se utilizan con prendas en molletón o pana, o franela a cuadros cortada al sesgo, o tela para camisas con una prenda de mezclilla.

Las instrucciones que siguen son para un patrón con una pretina cortada. Corte el patrón separándolo por debajo de la línea de la cintura 6 mm (1/4'') menos que el ancho del resorte; esta distancia de 6 mm (1/4'') corresponde a la pestaña de la costura. Corte una pretina que tenga el doble del ancho del resorte, más 1.3 cm (1/2'') para las dos pestañas. En telas de telar, el lar-go de la pretina debe ser igual a la medida de la cintura de la prenda más 1.3 cm (1/2''). En telas de punto elásticas o de tipo cardigán, corte la pretina 10 cm (4'') más corta que la medida de la cintura en la prenda.

Elija cuidadosamente los resortes; la cantidad de alargamiento y recuperación varía de acuerdo con el tipo de resorte, el método de inserción y el peso de la tela (página 16). Determine la longitud mínima necesaria para una pretina, estire el elástico alrededor de la parte más ancha de las caderas. Determine el largo máximo que sea cómodo. Como regla general, el elástico será 5 a 7.5 cm (2 a 3'') más corto que la medida de la cintura. Las telas gruesas impiden la recuperación del elástico, así que será mejor cortarlo 3.8 cm (1 1/2'') más corto que lo usual. Haga un sobrepespunte a través de la pretina y el elástico para evitar que éste se tuerza. Pueden agregarse hileras múltiples de sobrepes-punte si así se desea.

Cómo agregar una pretina elástica coordinada

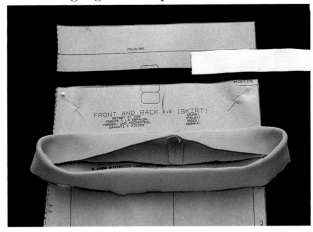

1) Corte el patrón y la pretina como se indicó en la página opuesta. Una los extremos cortos de la pretina, con los lados del derecho juntos y dejando una pestaña de 6 mm (1/4''); planche abriendo la costura. Doble la pretina por la mitad a lo largo, teniendo juntos los lados del revés. Complete la prenda, a excepción de aplicar la pretina.

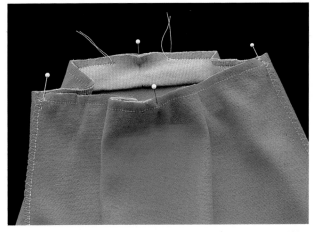

2) Divida la pretina y la prenda en cuatro partes; marque con alfileres. Teniendo la costura en el centro de la espalda, sujete con alfileres ambas capas de la pretina al lado derecho de la prenda en la posición marcada por los alfileres. Cosa dejando una pestaña de 6 mm (1/4''); estire la pretina de tejido de punto a medida que cose. Deje una abertura de 5 cm (2'') en el centro de la espalda.

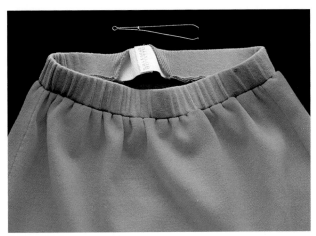

3) Corte el resorte del largo deseado más 2.5 cm (1''). Insértelo en la pretina utilizando un pasacintas; superponga las orillas en 1.3 cm (1/2''). Únalas con una costura firme.

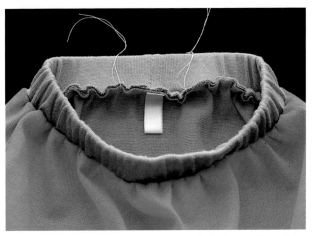

4) Cierre la abertura, insertando un lazo de listón para identificar el trasero de la prenda; cosa sobre la costura anterior. Termine las pestañas de las costuras si es necesario.

5) Planche las pestañas hacia la prenda. Haga un sobrepespunte a través de la prenda y de las pestañas desde el lado del derecho.

6) Haga un sobrepespunte en la pretina. Coloque el prensatelas en el centro de la pretina. Marque la línea de guía sobre la máquina con una cinta. Cosa la pretina estirando el resorte a medida que cose.

Pretinas elásticas y bragueta falsa

Ponga elástico en las pretinas de los pantalones o de la faldas. Utilice el método de costura que sujeta el elástico con pespunte para que el acabado sea cómodo y el elástico no se enrolle o se tuerza. Utilice un elástico con buen estiramiento y recuperación (página 16) para que la pretina conserve su ajuste. Al coser, estire el elástico frente al prensatelas mientras lo mantiene plano detrás.

Si utiliza un patrón de falda o pantalón con una bragueta y elástico en la pretina trasera, puede ahorrar tiempo cosiendo una bragueta falsa en lugar de poner un cierre. Necesitará eliminar la abertura en el centro del delantero en el patrón de la pretina.

Cómo aplicar elástico a una pretina

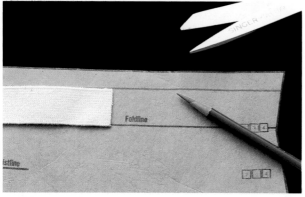

1) Marque la nueva línea de corte sobre la línea del doblez del patrón, agregando el ancho del resorte. Corte y cosa la prenda siguiendo las instrucciones del patrón, pero no ponga el resorte.

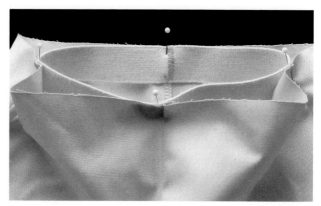

2) Corte el resorte para que se ajuste ceñido en las caderas; sobrehíle los extremos del resorte y únalos con puntada de zigzag. Divida las orillas del resorte y de la prenda en cuatro partes; marque con alfileres. Sujete el resorte con alfileres al lado del revés de la prenda, haciendo coincidir los alfileres y teniendo parejos los bordes.

3) Cosa el resorte a la prenda con zigzag u overlock, estirándolo entre los alfileres para que se ajuste a la prenda; evite cortar el resorte cuando cosa con overlock. Estire el resorte en la parte de adelante del prensatelas y sujételo firmemente en la parte de atrás; no jale la tela debajo del prensatelas.

4) Doble el resorte hacia el interior, cubriéndolo. Cosa en el canal (flecha) por el lado derecho en todas las costuras. Haga un sobrepespunte en la orilla inferior del resorte, estirándolo para que se ajuste. Haga otro sobrepespunte a 6 mm (1/4'') hacia el interior de la primera costura; estire el resorte a medida que cose.

Cómo coser una bragueta falsa

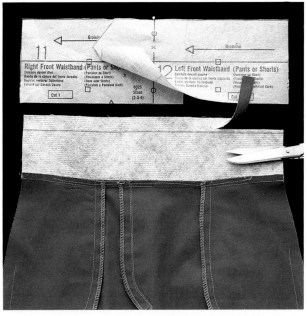

1) Cierre la costura central del delantero teniendo juntos los lados del derecho; haga girar la costura en el extremo inferior de la bragueta para coser en la orilla de afuera de la misma. Recorte y acabe la costura; haga cortes para abrir y planche. Planche la bragueta hacia la izquierda del delantero; haga un sobrepespunte en la bragueta a través de todas las capas en la marca señalada en el patrón.

2) Superponga los patrones del delantero de la pretina en el centro. Corte la banda ajustada; aplique entretela fusionable. Una la pretina al delantero de la prenda, teniendo juntos los lados del derecho; recorte la pestaña y planche hacia la pretina. Recorte la pestaña en la otra orilla larga a 3 mm (1/8''); termine cosiendo con overlock o puntada de zigzag en tres pasos.

Cómo aplicar elástico a la parte trasera de una pretina

1) Ajuste el patrón trasero a la orilla superior, como en el paso 1 de la página opuesta. Cosa y termine la costura del centro del trasero. Corte el resorte 7.5 a 10 cm (3'' a 4'') más corto que la orilla superior del patrón. Tenga el resorte por el lado del revés de la prenda y mantenga parejos los bordes, cosa los extremos a las pestañas de las costuras laterales. Sujete con un alfiler el centro del resorte al centro del trasero.

2) Una el resorte; doble hacia adentro y haga un sobrepespunte como en los pasos 3 y 4 de la página opuesta. Sujete con alfileres las costuras laterales con los lados del derecho juntos. Voltee la pretina del delantero sobre la pretina del trasero en las costuras laterales; cierre la costura.

3) Vuelva la pretina del delantero hacia el interior, cubriendo los extremos del resorte. Corte la pestaña del trasero por debajo de la pretina; planche la costura abierta. Cosa en la orilla alrededor de la pretina del delantero.

Bolsillos laterales traslapados

Cosa bolsillos ocultos, planos, que no abultan, en las costuras laterales de las prendas para darle un acabado de fábrica. Adapte un patrón que tenga un bolsillo de dos piezas cortando un bolsillo de una pieza de la misma tela. Estos bolsillos pueden ser curvos o rectangulares.

Un bolsillo ampliado (ilustrado en la página 53) se aplica al exterior de los pantalones y sirve como bolsillo y como refuerzo para la rodilla. Para dar un toque decorativo, haga un sobrepespunte en el bolsillo usando hilo de un color que combine.

Cómo hacer bolsillos laterales de una pieza

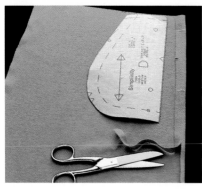

1) Marque la abertura del bolsillo en la pestaña de la costura lateral del delantero de la prenda; planche hacia el revés. Recorte la pestaña a 6 mm (1/4").

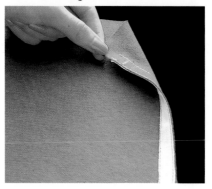

2) Corte cinta asargada de 1.3 cm (1/2") de ancho, 2.5 cm (1") más larga que la abertura del bolsillo. Sujete la cinta con alfileres sobre la pestaña recortada en la abertura del bolsillo, estando la orilla de la cinta cerca del doblez; cosa a través de todas las capas en ambas orillas de la cinta asargada.

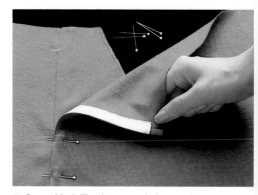

3) Cosa el bolsillo al trasero de la prenda en la costura lateral, teniendo juntos los lados del derecho; termine el bolsillo y las orillas de la costura. Planche las pestañas hacia el bolsillo. Superponga el delantero de la prenda sobre la pestaña de la costura lateral en el trasero, emparejando la orilla a la que se aplicó la cinta con la línea de costura.

Cómo coser bolsillos ampliados en pantalones

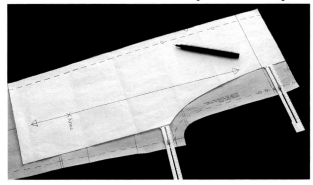

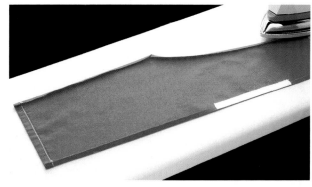

1) Coloque papel de seda sobre la pieza del patrón del delantero. Dibuje la nueva forma del bolsillo sobre el papel; empiece en la orilla superior a 5 cm (2") del centro del delantero y trace una curva hasta un punto en el tiro a 3.2 cm (1 1/4") de la costura interior. Trace una línea desde este punto, que sea paralela al hilo de la tela, hasta llegar a 10 cm (4") por debajo del centro de la rodilla; dibuje una línea transversal a la costura lateral. Pase al dibujo las marcas correspondientes al hilo de la tela y a la abertura de los bolsillos.

2) Corte el bolsillo del nuevo patrón. Haga un sobrepespunte para formar un dobladillo doble en el extremo inferior. Marque y termine la orilla de la abertura del bolsillo como en los bolsillos traslapados de una sola pieza, pasos 1 y 2 de la página opuesta. Planche una pestaña de 6 mm (1/4") en las orillas opuestas a la abertura del bolsillo; haga cortes en las curvas.

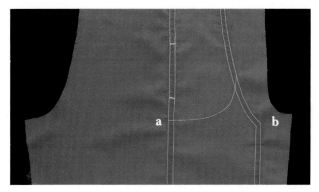

3) Una el delantero del pantalón al trasero por las costuras laterales. Termine las pestañas de las costuras; plánchelas hacia la parte de adelante de los pantalones, con la orilla de la cinta en la línea de la costura. Cosa la abertura del bolsillo como se indica en el paso 4, abajo. Haga un sobrepespunte en las orillas opuestas a la abertura del bolsillo.

4) Marque un punto sobre la costura lateral (**a**) opuesta al tiro (**b**). Desvíe la línea en forma curva desde este punto hasta la orilla interior del bolsillo. Haga un sobrepespunte en esta línea para terminar el bolsillo. Repita los mismos pasos para el otro bolsillo.

4) Haga un sobrepespunte a través de todas las capas por encima y por debajo de la abertura del bolsillo para hacer coincidir las líneas de costura sobre la cinta asargada. Haga un refuerzo de presilla con puntada de zigzag en cada extremo de la abertura del bolsillo.

5) Sujete con alfileres y haga una costura recta en las orillas sueltas del bolsillo sobre el delantero de la prenda. Repita los mismos pasos en el otro bolsillo.

6) Complete la prenda de acuerdo con las instrucciones del patrón. Sujete la orilla superior del bolsillo en la costura de la pretina.

Bolsillos de parche

Los bolsillos de parche pueden ser un elemento de diseño en la prenda si se elaboran con una tela coordinada. Puede cortar los bolsillos en tela a cuadros y al sesgo, o en tela rayada en dirección perpendicular al hilo si la prenda se corta siguiendo el hilo de la tela. Los bolsillos con bordes rectos son fáciles de coser. Cuando un bolsillo lleve adornos, aplíquelos antes de coser el bolsillo a la prenda.

Forme sus propios bolsillos de parche en cualquier forma o tamaño, o utilice la pieza para el bolsillo que viene con el patrón. Verifique el tamaño y colocación de un bolsillo en la prenda cortando en un papel una plantilla con la forma del bolsillo; no incluya las pestañas para las costuras o el dobladillo. Marque la ubicación del bolsillo en la prenda con alfileres o con un marcador lavable. Cuando diseñe su propio patrón para los bolsillos, agregue las pestañas en los lados y en el borde inferior, así como una pestaña para el dobladillo en el borde superior.

Los bolsillos de parche fruncidos o plegados pueden hacerse si se agranda el patrón de un bolsillo de parche. A causa de los frunces o pliegues, estos bolsillos son más decorativos y tienen más capacidad que los bolsillos normales.

Cómo hacer un bolsillo de parche, básico

1) Determine el tamaño del bolsillo terminado; agregue 1 cm (3/8") a los lados y a la orilla inferior, y 3.5 cm (1 3/8") a la orilla superior. Corte el bolsillo. Planche la orilla superior haciendo primero un doblez de 1 cm (3/8") y después otro de 2.5 cm (1"); cosa.

2) Coloque una plantilla de cartón de 5 cm (2") en las esquinas sobre las costuras. Planche una pestaña de 1 cm (3/8") sobre la plantilla; abra y doble en diagonal sobre la esquina para formar el inglete. Doble nuevamente sobre las líneas planchadas; planche.

3) Engome el bolsillo en su sitio sobre la prenda. Cosa en la orilla los lados y la parte inferior. Haga un sobrepespunte a 6 mm (1/4") de la costura anterior. Para hacer un refuerzo de presilla, cosa con puntada de zigzag en las esquinas superiores.

Cómo hacer un bolsillo de parche, fruncido o plegado

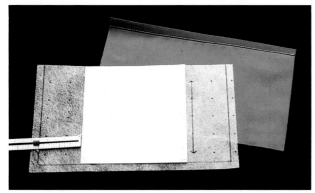 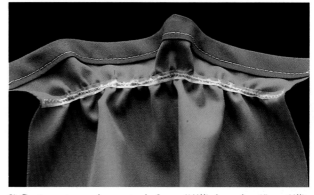

Bolsillo fruncido. 1) Corte el bolsillo 10 cm (4") más ancho que el bolsillo de parche básico como se indica en el paso 1, arriba. Termine la orilla superior con cinta de bies doble como en el paso 1, página 33.

2) Corte un tramo de resorte de 6 mm (1/4") de ancho, 10 cm (4") más corto que el ancho del bolsillo; cósalo al bolsillo 3.5 cm (1 3/8") por debajo de la orilla superior como en los pasos 1 y 2, página 82.

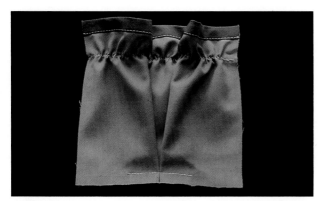 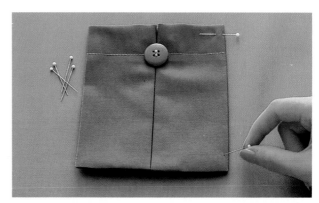

3) Planche dos pliegues de 2.5 cm (1") en el centro de la orilla inferior del bolsillo; cosa sin mover la tela. Planche las pestañas y una el bolsillo como se hizo en el bolsillo de parche básico, pasos 2 y 3, arriba.

Bolsillo con pliegues. Corte el bolsillo 10 cm (4") más ancho que el bolsillo de parche básico y termine la orilla superior como en el paso 1, arriba. Planche dos pliegues de 2.5 cm (1") en el centro del bolsillo. Cosa un botón al centro y a 2.5 cm (1") de la orilla superior para asegurar los pliegues. Planche las pestañas de las costuras y una el bolsillo como se hizo con el bolsillo de parche básico, pasos 2 y 3, arriba.

Vestidos

Seleccione los métodos de confección que den un acabado profesional a los vestidos que cose. Forre los canesús en vestidos y blusas para evitar que se transparenten las vistas a través de la tela y para dar mayor estabilidad al canesú. Forre las telas ligeras o de peso medio con la misma tela, forre las telas voluminosas con una tela ligera y las telas estampadas transparentes con tela de color liso. Utilice costuras francesas en telas transparentes y ligeras. Se les utiliza en costuras rectas, pero no son adecuadas para costuras curvas o costuras con partes fruncidas.

Cómo forrar un canesú o talle

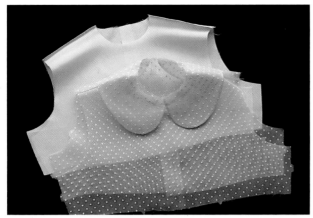

1) Corte el canesú y el forro. Cierre las costuras de los hombros utilizando costura francesa en telas transparentes y delgadas. Una el cuello al lado derecho del canesú.

2) Cosa el canesú al forro en la línea del escote, con los lados del derecho juntos y utilizando puntadas cortas. Recorte las pestañas de las costuras hasta 6 mm (1/4"); haga cortes en las curvas y cosa con bajopespunte las pestañas al forro. Voltee al derecho y planche.

3) Sujete con alfileres el canesú a la orilla inferior; sujete con alfileres a la falda teniendo juntos los lados del derecho y cosa. Termine los bordes cortados; planche las pestañas hacia el canesú.

Método alterno. Cosa el canesú a la falda, con los lados del derecho juntos. Planche las pestañas hacia el canesú. Vuelva hacia abajo la pestaña del forro; una a la costura utilizando punto deslizado.

Cómo coser una costura francesa angosta

1) Marque la línea de la costura en las pestañas, a 4.5 mm (3/16") de la línea de costura. Cosa teniendo juntos los lados del *revés*, haciendo de 16 a 18 puntadas por pulgada (2.5 cm).

2) Recorte la pestaña hasta apenas 3 mm (1/8"); planche las pestañas hacia un lado. Doble sobre la línea de costura, con los lados del *derecho* juntos; planche.

3) Haga una costura a 3 mm (1/8") del doblez, encerrando los bordes cortados. Planche la pestaña hacia uno de los lados.

Pliegues y volantes

Los patrones para vestidos requieren con frecuencia de las técnicas para aplicar resorte, fruncir la tela y hacer volantes. Los métodos que se describen a continuación pueden simplificar estas técnicas.

Para fruncir mangas y pretinas se puede usar resorte transparente en lugar de pretinas elásticas. Cosa directamente el resorte en la prenda. Las puntadas quedan ocultas por los pliegues de la tela.

Para formar pliegues finos en telas ligeras, haga costuras para fruncido usando puntadas cortas. Para fruncir una pieza de tela larga, puede coser con zigzag sobre un hilo grueso de algodón que no se romperá al ser jalado.

Los volantes pueden hacerse en una capa de tela o dobles. Haga volantes con dos capas de tela cuando se trate de telas delgadas y suaves. Para cortarlos, doble la tela y coloque el borde exterior del patrón del volante sobre el doblez para eliminar el dobladillo. La tela doble da cuerpo al volante.

En telas con buen cuerpo o telas que dejarán ver el dibujo al doblarse, como la tira bordada o los estampados transparentes, haga volantes de una sola capa. Cuando agregue encaje a los volantes de una sola capa, deberá reducir el patrón en la orilla exterior de acuerdo con el ancho del encaje.

Cómo fruncir las mangas con elástico

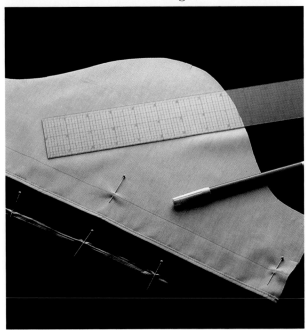

1) Corte un tramo de resorte de 6 mm (1/4'') que se ajuste al cuerpo de manera cómoda, más la parte correspondiente a las pestañas. Los resortes para las mangas no necesitan ser muy apretados. Marque la línea de costura para el resorte sobre el lado del revés de la prenda, utilizando un plumón lavable. Para las mangas, marque con alfileres la posición del resorte y la manga en las líneas de las costuras y en el punto medio; en pretinas, divida el resorte y la prenda en cuatro partes y marque con alfileres.

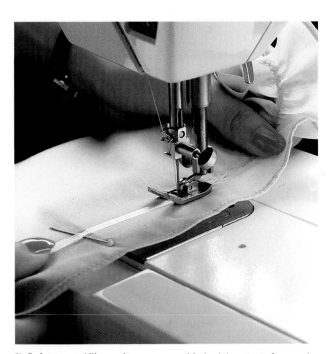

2) Sujete con alfileres el resorte por el lado del revés de la prenda en las marcas señaladas con alfileres. Cosa con zigzag el resorte a la prenda sobre la línea marcada; estire entre las marcas para ajustarlo, pero no estire el resorte en las pestañas de las costuras. Termine la prenda de acuerdo con las instrucciones del patrón, sujetando el resorte en la costura.

Cómo fruncir telas delgadas

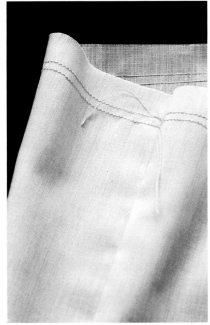

1) Afloje la tensión superior; fije el largo de la puntada en 14 a 18 puntadas por pulgada (2.5 cm). Haga dos hileras de puntadas para fruncir sobre el derecho de la tela, con una separación de 3 mm (1/8") entre una y otra, a cada lado de la línea de costura.

2) Jale los hilos de la bobina en ambas costuras y distribuya los pliegues de manera uniforme. Automáticamente las puntadas se jalan hacia el lado del revés de la prenda para facilitar el plegado. Enrede los hilos sobre un alfiler para fijarlos en cada uno de los extremos.

3) Cosa sobre la línea de costura entre las hileras de pliegues cuando una esta parte a la prenda. No retire las puntadas para plegar; la hilera de puntadas externa queda oculta por los pliegues de la tela.

Cómo hacer volantes

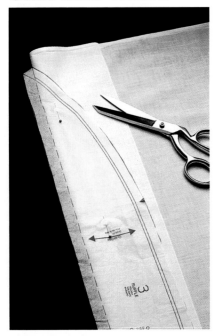

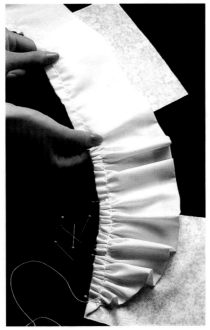

Olán de doble capa. 1) Doble la tela, teniendo juntos los lados del revés; coloque la costura externa o el dobladillo del patrón del olán sobre el doblez. Corte el olán. Cosa sobre un hilo grueso, con puntada de zigzag ancha, a 1.3 cm (1/2") de los bordes cortados.

2) Jale el hilo grueso y distribuya los pliegues de manera uniforme. Enrolle el hilo sobre un alfiler para fijarlo en cada uno de los extremos. Cosa el olán al lado del derecho de la prenda y retire el hilo grueso.

Olán de una sola capa. Cosa un encaje plano a la orilla exterior del olán, teniendo juntos los lados del revés. Recorte la pestaña a 6 mm (1/4"); planche hacia el volante. Cosa en la orilla un listón de 1 cm (3/8") sobre las pestañas de las costuras a través de todas las capas. Frunza el volante.

Cierres
o botonaduras

Para los niños que son tan activos, seleccione botonaduras que sean decorativas, funcionales y fáciles de usar. Para evitar rasgaduras, coloque entretela en el área donde se utilicen botones, broches de presión, de gancho o cinta adherible.

Aplique broches de presión a las aberturas de las camisas, a las pretinas y a las aberturas de las chamarras. Marque con cuidado la ubicación del remache o broche de presión y verifique dos veces las marcas antes de aplicarlos; son difíciles de quitar y pueden dejar un orificio en la prenda. Existen dos tipos de herramientas para colocar los remaches: la remachadora y las pinzas para remaches. La herramienta remachadora requiere de un martillo y debe utilizarse sólo sobre una superficie firme. Golpee con fuerza; evite dar pequeños golpes. Las pinzas pueden usarse con la mayor parte de los remaches. Los remaches y las pinzas deben ser de la misma marca.

Utilice botones con ojales o con presillas para decorar las prendas. Las presillas pueden hacerse con tiras de tela en tejido de punto o de telar. Corte tiras en tela de punto siguiendo el hilo de la tela a lo largo. Las presillas en tela de telar deben cortarse al sesgo.

La cinta adherible (Velcro) puede comprarse en círculos, cuadrados o tiras y los niños la usan con mucha facilidad. En una abertura de camisa utilice círculos o cuadrados. Para una pretina utilice una tira de tela cuando menos de 2.5 cm (1") de largo. La cinta adherible engomada está recubierta en la parte posterior por un adhesivo. Coloque la cinta y presiónela con el dedo antes de coserla. Cierre la cinta adherible antes de lavar la prenda para evitar la acumulación de pelusa y que se adhiera a otras prendas.

Sugerencias para la aplicación de botonaduras

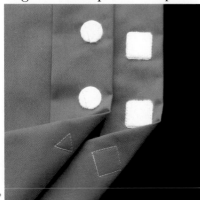

Cinta adherible (Velcro). Si se trata de cuadros o tiras, cosa en la orilla, superponiendo las costuras en los extremos. Si se trata de círculos, cosa un triángulo. Por el lado derecho, cubra las puntadas con una aplicación o con un botón, si así lo desea. El adhesivo de la cinta autoadherible puede recubrir la aguja; límpiela con alcohol.

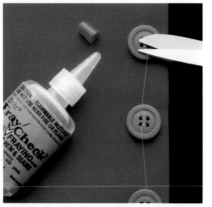

Botones, broches de presión cosidos y broches de gancho. Coloque el pie para botones; cubra los dientes alimentadores de la tela o bájelos. Ajuste el ancho de la puntada de zigzag a la distancia entre los orificios; cosa, terminando con varias puntadas en uno de los orificios para asegurar la pieza. Una todos los broches con un hilo continuo; corte las hebras y aplique el líquido especial para evitar que se deshilachen.

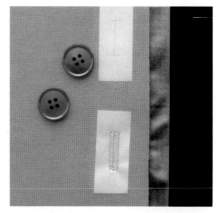

Ojales. Cuando cosa telas de punto, utilice un estabilizador soluble en agua debajo de los ojales. Coloque cinta transparente sobre los ojales; marque sobre ésta el largo del ojal. Para evitar que la costura se frunza, utilice una puntada más larga que en las telas de telar. Cosa sobre la cinta, en posición paralela a las espigas del tejido de punto.

Cómo aplicar presillas para botones

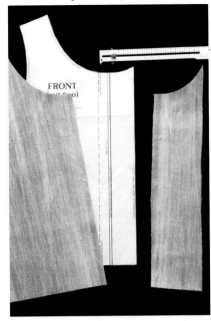

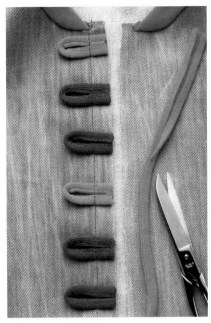

1) Recorte el delantero del patrón a lo largo, por el centro; corte los delanteros de la prenda. Corte las vistas con un ancho de 6.8 cm (2 5/8") y del largo de la prenda; recorte las vistas para ajustarlas a la forma de la prenda en la orilla del escote.

2) Corte una tira de tela de 2.5 cm (1") de ancho para las presillas; el ancho de la tira es igual al largo de la lazada, paso 3 a la derecha, multiplicado por el número de presillas que se necesitan. Agregue 5 a 7.5 cm (2 a 3"). Recorte uno de los extremos para que termine en punta; inserte en el doblador de bies. Planche los bordes cortados de manera que concidan en el centro.

3) Doble la tira por la mitad a lo largo; cosa los bordes estirando la cinta a medida que cose. Corte la tira en piezas, cada una del doble del diámetro del botón más 3.5 cm (1 3/8"). Doble las piezas a la mitad; hilvane las presillas al centro del delantero, haciendo coincidir los bordes cortados. Cierre las costuras de los hombros; coloque el cuello.

4) Cosa la vista a la prenda, juntos los lados del derecho y con las presillas entre la vista y la prenda; utilice una costura de 1.5 cm (5/8"). En telas voluminosas, recorte las pestañas. Vuelva la vista al lado del revés de la prenda; planche.

5) Cosa con bajopespunte sobre el lado del derecho de la vista, cerca de la línea de costura, atravesando la vista y ambas pestañas de la costura. Cosa la otra vista al delantero de la prenda; cosa con bajopespunte.

6) Haga un sobrepespunte en la prenda a 6 mm (1/4") de la orilla en el delantero y en el escote. Complete la prenda. Marque los centros del delantero en la prenda terminada; marque las posiciones de los botones en el centro de las presillas. Coloque los botones.

Agregue un toque personal

Utilice su imaginación para crear detalles personales que hagan que la prenda sea especial para el niño. Las técnicas para individualizar las prendas se pueden adaptar a una sola o repetirse en varias dentro de un guardarropa coordinado.

Considere el uso de bloques de color, especialmente cuando cosa más de una prenda; utilice los remanentes de una para bloques de color en otra. O bien, realce y coordine las prendas con vivos. Si lo desea puede añadir aplicaciones; cómprelas ya hechas o haga sus propios diseños. El trapunto (aplicaciones acolchadas), una variación de las aplicaciones puede utilizarse para dar dimensión a una prenda.

Los adornos con parches pueden aumentar considerablemente el costo de las prendas hechas, pero algunas técnicas le permiten hacer diseños con pequeñas cantidades de tela en corto tiempo. Las pinturas para tela pueden utilizarse para individualizar una prenda. También se pueden utilizar para decorar zapatos de tela.

Cuando agregue un detalle personal a las prendas para niños recuerde que los toques especiales se pueden agregar en los delanteros, en la espalda y a los lados de las prendas y que todos los adornos deben estar unidos de manera firme y segura.

Sugerencias para la colocación del diseño

Equilibre las formas del diseño. Por ejemplo, puede compensar un diseño pequeño en la parte superior izquierda de una camisa con otro más grande en la parte inferior derecha.

Coloque la abertura en un hombro o en una costura raglán para que el diseño pueda quedar en el centro del delantero de una playera.

Coloque un diseño en la espalda de una camisa que tenga un delantero sencillo o repita el diseño que aplicó al frente.

Cosa a máquina las tiras de adorno a las mangas cuando las piezas todavía estén planas para facilitar el trabajo en áreas demasiado pequeñas que no alcanzaría con la máquina de coser.

Decore las mangas utilizando coderas o colocando diseños abajo del centro de la manga.

Realce las costuras de los hombros con vivos, cinta de sarga o cinta de bies o cardigán.

Repita un diseño para separar con una orilla el escote, un canesú o un dobladillo.

Dé interés a la prenda aplicando tiras de tela o adornos colocados en forma diagonal, vertical u horizontal; un número impar de tiras de adorno puede ser más vistoso que un número par.

Aplicaciones

Las aplicaciones son un método tradicional para decorar las prendas infantiles. Elija uno de los tres tipos básicos de aplicaciones; compre aplicaciones para planchar o para coser, o diséñelas usted misma. Para dar un toque decorativo rápido y fácil fusione las aplicaciones comerciales a la prenda, planchándolas de acuerdo con las instrucciones del fabricante.

Las aplicaciones comerciales que se aplican con costura se fusionan a la prenda utilizando red fusionable. Quizás desee hacer un sobrepespunte para que la aplicación no se desprenda después de muchos lavados.

Probablemente quiera diseñar sus propias aplicaciones. Vea las revistas, las prendas comerciales o los libros para iluminar en busca de ideas. Las formas más populares en aplicaciones infantiles son frutas, animales, números, juguetes, corazones y arcoiris. Considere cortar los motivos de las telas estampadas.

Antes de montar la aplicación planee la secuencia de trabajo. Las piezas más pequeñas deben colocarse en su sitio y coserse a las más grandes antes de unir la aplicación a la prenda; algunas piezas pueden ir superpuestas a otras.

Adorne las aplicaciones con lazos, botones, listones, borlas, pintura para tela o cordón. Los extremos cortados del cordón se pueden colocar bajo las piezas de la aplicación antes de fusionarlas. Los adornos se cosen o se adhieren con goma a su lugar, utilizando goma permanente para telas.

Sugerencias para aplicaciones

Practique la costura de una aplicación en una pieza de prueba antes de trabajar con las piezas de la prenda.

Seleccione para la aplicación una tela de color firme que sea compatible con la tela de la prenda en grosor y requisitos de cuidado; preencoja todas las telas.

Recuerde que es más fácil coser alrededor de formas grandes con pocas esquinas.

Deje un margen en la tela que tenga una forma geométrica alrededor de las figuras que se cortan de telas estampadas con motivos complicados.

Aplique red fusionable con soporte de papel al lado del revés de la tela de la aplicación antes de cortar el diseño.

Aumente la durabilidad de una prenda colocando una aplicación con red fusionable en las rodillas o los codos.

Aumente 1.3 cm (1/2") a los lados de las piezas de una aplicación que irán por debajo de otra; recorte las pestañas para reducir el volumen cuando ya haya determinado la colocación final.

Recuerde que las formas que se dibujan sobre el soporte de papel de la tela de red fusionable quedarán invertidos en la prenda; dibuje las letras o números en la forma que tendrían sus imágenes en un espejo.

Aplique un estabilizador que pueda desprenderse en el revés de una prenda para que la costura de satín en la orilla de la aplicación quede uniforme.

Utilice un prensatelas especial con un canal ancho para evitar que las puntadas de satín se atore.

Coloque la aplicación en la prenda antes de unir las costuras. Es más fácil colocar una aplicación cuando la tela está plana.

Cómo elaborar y colocar una aplicación

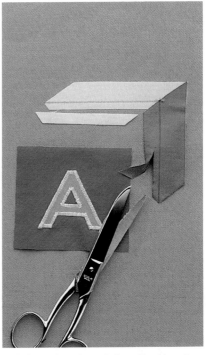

1) Aplique red fusionable con soporte de papel por el revés de la tela de la aplicación, siguiendo las instrucciones del fabricante. Deje que la tela se enfríe.

2) Trace el diseño sobre la tela o sobre el refuerzo de papel; agregue 1.3 cm (1/2") a los lados de las piezas de la aplicación que vayan debajo de otra pieza. Corte el diseño y retire el refuerzo de papel.

3) Coloque las piezas de la aplicación sobre la tela de la prenda. Recorte las piezas que van debajo de otras para reducir el volumen; deje una pestaña de apenas 6 mm (1/4"). Fusione las piezas de la aplicación a la prenda.

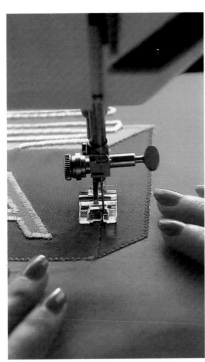

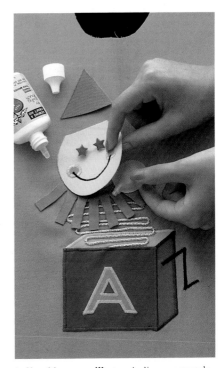

4) Corte el estabilizador 2.5 cm (1") más grande que la aplicación. Engome sobre el revés de la prenda, por debajo de la aplicación. Cosa con zigzag alrededor de la aplicación, utilizando puntadas cortas y angostas.

5) Afloje la tensión superior y ajuste las puntadas para hacer un zigzag ancho, corto; cosa con puntada de satín, alrededor de la orilla de la aplicación, cubriendo todos los bordes cortados. Retire el estabilizador.

Aplicación con silbato. Aplique entretela fusionable en el revés de la aplicación. Coloque el silbato bajo la aplicación; engome la aplicación en su sitio, sujetando los bordes. Complete la aplicación como se indicó en los pasos 4 y 5, a la izquierda.

Técnicas de aplicación

Esquinas exteriores. Haga una puntada fuera del borde de la aplicación. Eleve el prensatelas, haga girar la tela y continúe cosiendo.

Esquinas interiores. Haga una costura que sobrepase la esquina en una distancia igual al ancho de la puntada de satín. Eleve el prensatelas, haga girar la tela y continúe cosiendo.

Curvas. Haga girar la tela con frecuencia. Para las curvas exteriores, dé vuelta cuando la aguja se encuentre en la orilla de afuera de la costura (**a**); en las curvas interiores, haga girar la tela con la aguja en la orilla interior de la costura (**b**).

Aplicaciones de telas estampadas. Corte los diseños de la tela para usarlos como aplicaciones. Si el diseño es complicado, corte un margen de tela con una forma más sencilla.

Aplicaciones decoradas. Decore una aplicación con botones, moños, cascabeles, listones o borlas. Coloque los adornos con goma permanente para tela o cósalos.

Aplicaciones adheribles. Coloque las aplicaciones cara abajo sobre papel; aplique sobre ellas una capa ligeramente más grande de red fusionable con refuerzo de papel. Retire el papel de la red fusionable y recorte el excedente en las orillas. Fusione; cosa con sobrepespunte si lo desea.

Aplicaciones (acolchadas)

El trapunto es un método para acolchar una aplicación y darle un aspecto tridimensional. Las técnicas tradicionales de trapunto consisten en coser la aplicación sobre el lado derecho de la tela, cortar la tela por el revés, llenar con un relleno adecuado y cerrar la abertura con puntadas a mano.

Para lograr el mismo aspecto tridimensional, utilice el método alterno, más fácil, que se describe a continuación. Experimente con la cantidad de relleno que coloque; es mejor usar una cantidad pequeña. Después de coser, fusione la aplicación al relleno para estabilizarlo durante el lavado y el uso.

Cómo coser una aplicación acolchada

1) Prepare la tela de la misma manera que para la aplicación, pasos 1 y 2, página 91. No fusione la aplicación a la prenda.

2) Fije el estabilizador al lado del revés de la prenda con pegamento. Cosa con zigzag la aplicación a la prenda utilizando puntadas cortas y angostas; utilice un desarmador para rellenar ligeramente la aplicación con borra de fibra sintética justo antes de terminar la costura.

3) Cosa con punto de satín, como se indicó en el paso 5, página 91. Pique la aplicación con un alfiler y distribuya el relleno de manera uniforme. Retire el estabilizador. Planche ligeramente la aplicación para fusionar el relleno sobre la red; no aplane al planchar.

Pintura para telas

Puede utilizar las pinturas para tela para decorar las prendas. Lave y seque la tela para eliminar el aderezo o goma antes de aplicar la pintura. Ayude a los niños a planear y practicar sus propios diseños antes de que empiecen a pintar sobre la tela. O trace un dibujo ya hecho sobre la tela y después píntela. Las pinturas para tela se pueden combinar con calcomanías planchadas o con aplicaciones. Decore la tela antes de cortar el patrón o decore la prenda completa.

En proyectos pintados por los niños seleccione pinturas acrílicas para tela. La limpieza de estas pinturas solubles en agua es fácil cuando la pintura está húmeda. La mayoría de las pinturas requieren cuatro horas o más para secar.

Obtenga diferentes aspectos con cuatro tipos de pintura para tela: pintura para estarcir, pintura satinada, pintura en pasta y pintura brillante. La pintura para estarcir presenta un aspecto mate, lavado cuando está seca; esta pintura se fija permanentemente al aplicar calor. Utilice la pintura satinada si desea un aspecto mojado, una superficie plástica; no es necesario fijarla con calor. Las pinturas en pasta no tienen lustre y son mates cuando se aplican; sin embargo, se esponjan y presentan una textura suave como la de un malvavisco, cuando se calientan con la plancha. Si las prendas se lavan en lavadora, aplique la pintura en pasta en capas delgadas; las capas gruesas de pintura requieren lavarse a mano. La pintura brillante centellea cuando está seca y no requiere calor para fijarse.

Cuando la pintura se encuentra en tubos o botellas tipo acordeón, agite la pintura haciéndola pasar a la punta del aplicador antes de usarla para eliminar las burbujas de aire. Aplíquela con una presión constante y pareja para evitar que se formen charcos.

Siga las instrucciones del fabricante para aplicar la pintura. Permita que un color se seque antes de ponerle encima otro color o de estarcirlo. Una vez que la pintura esté completamente seca, plánchela utilizando un lienzo para fijarla con calor, si así lo recomienda el fabricante. Cuando pinte, coloque las prendas planas y ponga papel encerado entre las capas de tela para evitar que los líquidos pasen de una capa a otra. Lave las prendas pintadas con el lado del revés hacia afuera y utilice suavizante para tela para mantener la pintura suave y flexible.

Cómo pintar una tela con estarcido

1) Coloque la prenda plana sobre papel limpio, colocando papel encerado entre las capas de tela. Utilice un patrón comercial o corte un diseño original en cartón delgado. Fije el patrón en su sitio sobre la prenda, utilizando cinta adhesiva.

2) Diluya la pintura para estarcir, utilizando una gota de agua en diez gotas de pintura. Humedezca la esponja; exprímala hasta que quede casi seca. Sumerja la esponja en la pintura y pinte con ella el interior del patrón. Levante cuidadosamente el patrón. Fije con calor siguiendo las instrucciones del fabricante.

Método alterno. Corte la esponja en la forma que desee. Humedezca la esponja; exprímala hasta que quede casi seca. Sumerja la esponja en pintura y aplíquela sobre la prenda. Permita que la prenda seque en posición horizontal. Fije con calor siguiendo las instrucciones del fabricante.

Técnicas con pintura para tela

Sostenga los tubos de pintura a 5 cm (2") por encima de la tela para pintar puntos, figuras caprichosas o líneas en zigzag. Si desea hacer puntos, sostenga el tubo fijo y apriételo. Para hacer figuras o líneas, mueva el tubo en forma continua a la vez que lo oprime. Fije la pintura con calor si así lo recomienda el fabricante.

Diluya la pintura con agua para hacer manchones de color. Una solución de una parte de agua y diez partes de pintura tiene la consistencia adecuada. Moje el pincel con pintura y sacúdalo suavemente sobre la tela para decorar con rapidez grandes áreas de tela. Fije la pintura con calor si así lo recomienda el fabricante.

Utilice pintura en pasta o satinada para escribir palabras o delinear figuras. Delinee una aplicación fusionable para sellar los bordes cortados; la pintura sustituye a las costuras. Con la pintura en pasta, caliente con una plancha siguiendo las instrucciones del fabricante, para lograr que se esponje.

Utilice la mano de un niño para estamparla sobre la tela. En un recipiente poco profundo, mezcle una solución de una gota de agua y diez gotas de pintura. Sumerja la mano en la pintura; colóquela sobre la tela. Haga presión sobre los dedos y la palma; levante la mano alzándola recta. Fije la pintura con calor si así lo recomienda el fabricante.

Diseño con bloques de color

Obtenga un aspecto diferente mediante el uso de bloques de color para el diseño. Escoja dos o más telas y utilícelas en una prenda; planee la distribución de las telas y corte las piezas individuales de los patrones para cada una de ellas. O bien, trace una pieza del patrón, córtela en piezas más pequeñas y corte cada pieza de una tela diferente. Escoja un diseño de patrón simple. Para darle variedad puede mezclar telas de telar y de punto o telas de color liso y estampadas. Combine las telas de color permanente que sean compatibles en grosor y cuyo mantenimiento sea similar.

Adapte un patrón. Divida la pieza del patrón en secciones trazando nuevas líneas de costura; corte y separe el patrón y agregue una pestaña de 6 mm (1/4") en cada una de las nuevas costuras. Una las secciones antes de completar la prenda.

Combine telas de telar y de punto. Cuando utilice un patrón diseñado para una tela de punto, utilice tela de telar en las áreas que no modifiquen la comodidad de su uso, como son cuellos, puños, canesús y bolsillos.

Combine las telas a rayas. Corte las piezas del patrón en dos o más telas a rayas, cada una de ellas con rayas de diferente tamaño. Combine las rayas en forma horizontal, vertical o diagonal.

Adorno de parches

Las tiras de adorno de parches pueden confeccionarse con pequeñas cantidades de telas de telar. Utilice colores coordinados y también la tela de la prenda, si así lo desea, para formar adornos en diagonal o de tipo seminola. Para cualquiera de los tipos de adornos, cosa las tiras de tela uniéndolas en dirección del hilo. Los adornos de parches diagonales se pueden hacer con mayor rapidez y menor cantidad de tela que los de tipo seminola.

Confeccionar adornos de parches tipo seminola no es difícil, pero este método de unión de piezas requiere mediciones, cortes y costuras precisas. Un cortador giratorio y una regla le ayudarán a cortar las tiras en forma precisa.

Para cambiar el tamaño de los adornos de parches tipo seminola varíe el tamaño de los cuadros. Para la orilla, cosa tiras anchas en los bordes o corte una tira siguiendo el hilo de la tela y únala al adorno de parches tipo seminola.

Los adornos de parches diagonales o seminola se aplican en diversas formas a las prendas. Insértelos como tiras u orillas, o utilice las técnicas de bloques de color (página 97). En estos adornos de parches puede cortarse un canesú completo, un babero u otra pieza del patrón.

Cómo hacer una tira de adorno con parches en diagonal

1) Corte tiras de tela en la dirección del hilo, que tengan el ancho terminado más dos pestañas de 6 mm (1/4"). Corte dos tiras para cada una de tres o más telas; el ancho de las tiras puede variar. Una las tiras cosiéndolas a lo largo, por el derecho y en la secuencia deseada, de manera que el patrón se repita.

2) Planche las costuras en una dirección. Corte la tela unida en tiras al sesgo y una estas tiras según sea necesario, como en el paso 2, página 101. Cósalas a la prenda, teniendo cuidado de no estirarlas.

Cómo hacer una tira de adorno con parches tipo seminola

1) Mida y corte tiras de tela en la dirección del hilo, que tengan el ancho terminado, más dos pestañas de 6 mm (1/4"). Una las tiras en secuencia, juntándolas por el lado del derecho; haga costuras muy rectas. Planche las costuras en una dirección.

2) Corte la tela unida en tiras. El ancho de cada tira debe ser igual al ancho de la tira central tal como se cortó en el paso 1, a la izquierda.

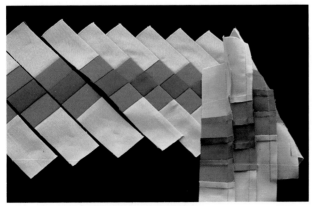

3) Una las tiras, juntándolas por el lado del derecho; utilice costuras de 6 mm (1/4") y vaya escalonando los bloques de color para formar un patrón diagonal. Alterne la dirección de las pestañas en las costuras para que las costuras coincidan mejor. Las orillas de las tiras quedarán escalonadas. Planche las costuras en una sóla dirección.

4) Recorte los extremos más largos para emparejarlos. Para hacer una orilla, corte dos bandas de la misma tela o de otra que coordine, siguiendo la dirección del hilo; una esta tira a los lados largos del adorno de parches, con los lados del derecho juntos.

Vivos

Los vivos dan un toque decorativo a las costuras de las prendas o a las orillas. Utilícelos en bolsillos, cuellos, costuras laterales en pantalones y faldas, costuras en canesús de camisas y costuras en mangas raglán. Combine los vivos con bloques de color (página 97) y con sobrepespunte para lograr efectos interesantes.

Haga los vivos en telas de telar o en telas de punto. Corte la tela de telar al sesgo; la tela de punto, en la dirección del hilo o en dirección perpendicular a éste. utilice una tela de color firme, cuyo cuidado sea similar al de la prenda. Preencoja la tela y el cordón o hilo que utilice como relleno para el vivo.

Antes de cortar las tiras de tela para los vivos, decida si éstos serán realzados o planos. En vivos realzados con relleno de hilo suave o con cordón, más rígidos, el ancho de la tela deberá tener cuando menos la medida de dos pestañas más la medida de la circunferencia del relleno, más 3 mm (1/8"). En vivos planos de 3 mm (1/8"), corte la tira de la tela cuando menos con un ancho igual al de dos pestañas, más 6 mm (1/4"). Las pestañas en el vivo terminado deben tener el mismo ancho que las de la prenda. Cuando en la prenda se utilizan pestañas de 6 mm (1/4"), es más fácil coser el vivo con pestañas de 1.5 cm (5/8") y cortarlas después a la misma medida de las de la prenda.

Cómo coser vivos

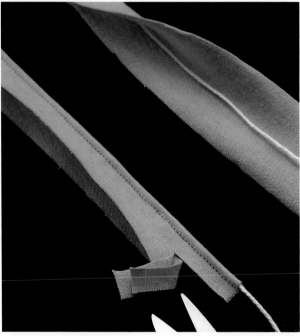

Vivos realzados. 1) Coloque un cordón o hilo en el centro de una tira de tela, por el lado del revés. Doble la tira a la mitad, a lo largo, juntando los lados del revés y encerrando el cordón. Haga una costura cerca del cordón, utilizando el pie para cierres; estire ligeramente las telas de telar a medida que cose. Recorte las pestañas al mismo tamaño de las de la prenda.

2) Sujete el vivo con alfileres al lado del derecho de la prenda, emparejando los bordes cortados. Curve los extremos del vivo hacia la pestaña de la costura en un lugar poco notorio, de manera que se superpongan y el vivo termine en el borde cortado. En costuras cerradas, como las costuras del cuello, desvíe el vivo hacia la pestaña en la intersección de las costuras, paso 2, página 118.

Cómo preparar tiras de bies

1) Doble la tela en dirección diagonal, de manera que la orilla recta, perpendicular al hilo quede paralela a la otra orilla. Corte en el doblez para tener la primera tira de bies. Utilice la regla y el cortador giratorio para formar tiras de 5 cm (2").

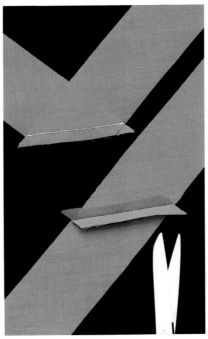

2) Una las tiras si es necesario. Sujete las tiras con alfileres formando una V, con los lados del derecho juntos y los extremos cortos alineados. Haga una costura de 6 mm (1/4"); planche la costura abierta. Recorte las pestañas emparejándolas con la tira de bies.

Tira de bies simple. Prepare la tira de bies como se indica a la izquierda. Recorte uno de los extremos en pico. Haga pasar la tira de bies a través del aditamento para hacer bies; planche los dobleces hacia el centro a medida que sale la tira.

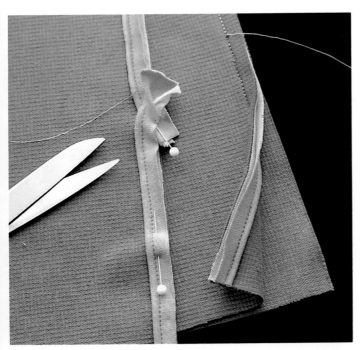

3) Cosa sobre la línea de costura. Deshaga la costura del vivo en los extremos; recorte el cordón en la pestaña. Haga la costura de la prenda sobre la línea de costura previa, con el vivo entre los lados del derecho de las piezas de la prenda.

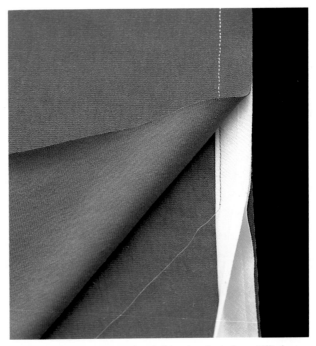

Vivos planos. Utilice una tira de bies simple de 5 cm (2") de ancho, para tener un vivo terminado de 3 mm (1/8") y pestañas de 1.5 cm (5/8"). Planche la tira abierta; dóblela a la mitad, a lo largo y plánchela. Sujete con alfileres el vivo a la prenda y cierre la costura como en los pasos 2 y 3, a la izquierda.

Vestidos de ceremonia

Costura a máquina de vestidos de ceremonia

La costura de vestidos de ceremonia adapta la costura manual francesa a los métodos de máquina. Aunque hacer este tipo de proyecto todavía requiere de paciencia, práctica y trabajo cuidadoso, la tecnología moderna de las máquinas de coser le permite dominar las técnicas que anteriormente se ejecutaban a mano. Los proyectos pueden incluir artículos pequeños como gorros, partes de una prenda como un canesú para blusa o una prenda completa.

Las técnicas de costura básica para vestidos de ceremonia consisten en unir tiras de tela y adornos. Las tiras se colocan vertical u horizontalmente en la prenda. Las tiras de tela se cortan o se rasgan en dirección del hilo de la tela al largo necesario; es más fácil utilizar las piezas perpendiculares al hilo. El ancho de las tiras puede variar siempre que las proporciones sean agradables. Las tiras de tela se pueden bordar a máquina con agujas de alas e hilo para bordar a máquina; fruncir de ambos lados para formar una tira abullonada o hacerles alforzas con una aguja doble y un prensatelas para alforzar.

Utilice algodón de telar fino o mezclas de algodón en telas transparentes como batista y paño. Seleccione entre tres gruesos en batista suiza 100% algodón. Todas se arrugarán, lo cual es parte del efecto de estas telas. La batista suiza ligera es lo bastante transparente para que se trasluzca el color del fondo. Las batistas con las que se trabaja más fácilmente son las telas de peso medio o pesadas. La batista Imperial® es una mezcla económica de poliéster/algodón que es resistente a las arrugas y se encuentra disponible en varios colores.

Los encajes y adornos de 100% algodón o de 90% algodón y 10% nylon, son suaves y más fáciles de manejar. Puede utilizar entredós de encaje que tienen dos orillas rectas, puntas con una orilla ondulada o pasalistón, el cual tiene orificios para acomodar las tiras de listón. Utilice listón de satín de doble vista en los pasalistones y lazos. En la costura de vestidos de ceremonia, siempre se utiliza entredós calado entre las telas y encajes para reforzar las costuras en forma decorativa. El entredós calado se asemeja a las vainicas y tiene pestañas en ambos lados.

Cómo diseñar un proyecto para la confección de un vestido de ceremonia

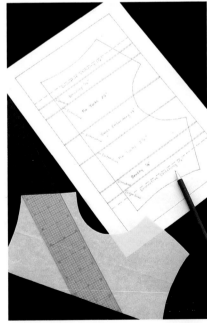

1) Trace una pieza del patrón a tamaño natural en papel de seda. Trace sobre papel grueso. Planee el diseño, utilizando telas, adornos y entredós; la tira más ancha debe estar en el centro, las tiras de tela en los bordes curvos y el entredós entre la tela y los adornos.

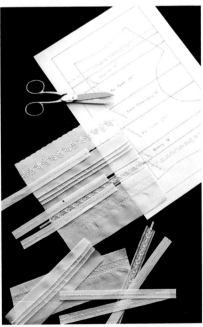

2) Mida el patrón en los puntos de mayor ancho y largo. Corte todas las tiras 2.5 cm (1") más largas que el ancho o el largo, dependiendo de la dirección en que vayan colocadas. Cosa las alforzas, las puntadas decorativas o las tiras abullonadas que se utilicen (página 108 y 109).

3) Una las telas, los encajes y los adornos (página 110 y 111) para formar un rectángulo o cuadrado. Vuelva a dar su forma original a la tela sujetándola con alfileres sobre una superficie y aplicando vapor para fijarla. Déjela enfriar. Corte la pieza de la prenda.

Técnicas para vestidos de ceremonia

Quizas desee practicar las técnicas para la confección de los vestidos de ceremonia antes de llevar a cabo su propio proyecto. Para obtener diferentes aspectos y diseños, combine creativamente los métodos siguientes. Para planchar mejor, coloque una plancha para abullonados cerca de su máquina de coser. Utilice almidón en aerosol en ambos lados de la tela y los adornos, excepto en las tiras abullonadas y planche sobre la plancha para abullonar con el fin de que la tela sea más fácil de manejar. Algunas piezas, como las tiras para abullonar no se pueden planchar una vez que han sido cosidas.

Cuando se cosen telas finas y suaves, encajes y adornos, utilice hilo extrafino que no dará volumen a las costuras. Utilice hilo de algodón para bordar a máquina en una máquina de coser con-vencional; en la máquina overlock, utilice hilo extrafino. El hilo blanco es apropiado para los colores blanco, crudo y pasteles. El hilo fino se confunde con la tela.

Se recomienda utilizar una aguja de tamaño 8 (60) o 9 (65) porque es compatible con la tela y el hilo. El largo de la puntada está determinado por la distancia entre los orificios del entredós calado. El ancho de la puntada dependerá de la técnica.

Es esencial contar con una aguja nueva en este tipo de costura. Verifique frecuentemente si hay rebabas en la punta de la aguja. Cambie la aguja después de 5 horas de uso, inclusive si la punta se siente lisa.

Cómo preparar tiras de tela cortadas al hilo

Algodón suizo. Haga un corte en el orillo. Jale el hilo horizontalmente hasta el otro orillo; corte la tela siguiendo la línea del hilo que jaló. Haga un corte en el orillo y jale otro hilo a lo ancho de la tela según el ancho deseado o el largo de la tira de tela; considere incluir dos pestañas de 6 mm (1/4") a lo ancho.

Batista de poliéster/algodón. Haga un corte en el orillo y rasgue la tela. Haga otro corte y rasgue según el ancho o el largo deseado de la tira de tela; considere incluir dos pestañas de 6 mm (1/4") a lo ancho. Planche las orilla de la tira. Puede recortar las orillas utilizando una regla y un cortador giratorio; las cuchillas de la máquina overlock recortarán las fibras.

Cómo ajustar el largo de la puntada de la máquina

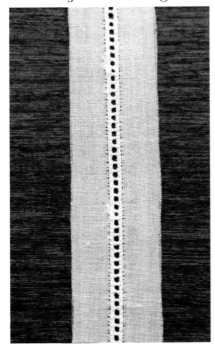

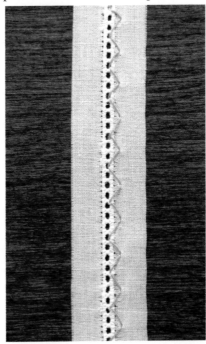

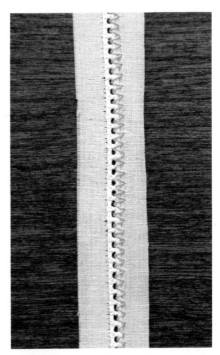

1) Corte una tira de entredós de aproximadamente 10 cm (4") de largo y utilícela para fijar el largo de la puntada. Ajuste la máquina para una puntada de zigzag de 3 mm de ancho y una longitud de 12 a 16 puntadas por pulgada (2.5 cm).

2) Cosa de manera que cuando la aguja se desvíe la puntada caiga a la mitad de uno de los orificios del entredós y en la pestaña de batista.

3) Ajuste el largo de la puntada para que la aguja penetre en cada uno de los orificios del entredós. Una vez establecido el largo de la puntada, permanecerá así durante todo el trabajo.

Tiras de adorno para vestidos de ceremonia

Las tiras de tela para la costura de vestidos de ceremonia a máquina pueden adornarse con bordado a máquina y alforzas o fruncirse para formar tiras abullonadas.

El bordado a máquina es la técnica más fácil que se utiliza. Experimente con las agujas de alas, con puntadas decorativas e hilo para bordar a máquina.

Haga alforzas utilizando un prensatelas para alforzas y una aguja doble. Las agujas dobles o gemelas se gradúan de acuerdo con la distancia entre las agujas y el grueso de las misma. Utilice una aguja de 1.8 (70) o 2 (80) para telas finas. La tira de tela debe ser más ancha que la medida del ancho terminado para permitir que se formen las alforzas. Haga un número desigual de alforzas poniendo la de enmedio en el centro de la tira.

Forme tiras abullonadas frunciendo ambos lados de la tira de tela antes de unirla al entredós. Corte la tela al ancho deseado más 1.3 cm (1/2'') para dos pestañas; el largo será igual a una y media veces el largo terminado. Fije el largo de la puntada de zigzag (página 107); fije el ancho de la puntada de zigzag en 3 mm (1/8''), a la orilla de la tela. Planche pero no almidone la tira de tela antes de fruncirla; no planche después de hacer el fruncido.

Cómo bordar a máquina con una aguja de alas

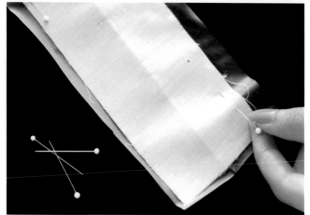

1) Corte la tela al ancho deseado agregando 1.3 cm (1/2'') para dos pestañas. Rocíe con almidón la tira de tela. Doble la tira a lo largo; marque ligeramente el pliegue con los dedos para señalar la línea de costura. Sujete al reverso de la tela una tira de estabilizador que sea soluble en agua.

2) Cosa una o más hileras utilizando una puntada decorativa y una aguja de alas. Retire el estabilizador siguiendo las instrucciones del fabricante; planche la tira de tela.

Cómo sobrehilar y fruncir una tira abullonada

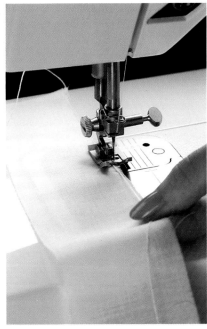 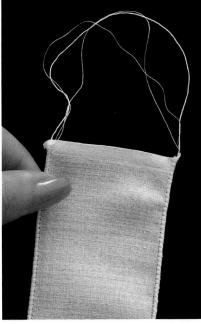 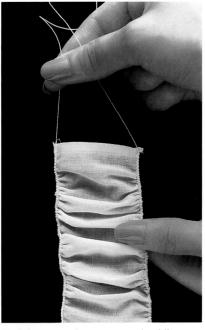

1) Corte la tela y ajuste el largo y el ancho de la puntada, como se indica en la página opuesta. Coloque un hilo a lo largo de la orilla por el lado del derecho de la tela, dejando un tramo libre de hilo de 7.5 cm (3''). Cosa con puntada de zigzag sobre el hilo; la tela se enrollará sobre el hilo.

2) Cosa con zigzag una de las orillas de la tela. Vuelva la tela y deje un lazo de hilo de 10 cm (4'') antes de coser el otro lado. Deje al final un tramo libre de hilo de 7.5 cm (3'').

3) Jale por ambos extremos los hilos que quedaron encerrados para fruncir de manera uniforme la tira abullonada. Pliegue hasta el largo deseado; distribuya los pliegues. Anude en cada extremo los hilos que se utilizaron para plegar.

Cómo coser alforzas

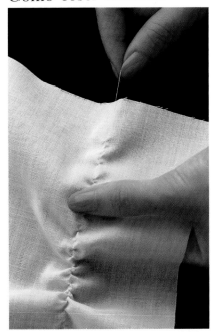  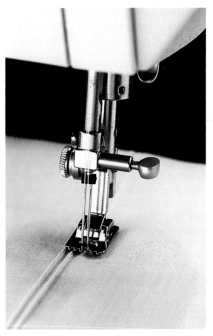

1) Corte la tira de tela aproximadamente 5 cm (2'') más ancha que el ancho terminado. Jale el hilo que va a lo largo de la tira para marcar la posición de la alforza central. Aumente ligeramente la tensión superior del hilo; ajuste el largo de la puntada a 12 ó 14 puntadas por pulgada (2.4 cm).

2) Rocíe la tira de tela con almidón; planche. Utilizando el prensatelas para alforzar y una aguja doble, cosa sobre la marca del hilo jalado; mantenga la tela estirada. El hilo de la bobina jala dos hilos juntos de las agujas formando una alforza.

3) Coloque la primera alforza bajo el canal del prensatelas para alforzar; determine la distancia entre las alforzas seleccionando el canal. Cosa las alforzas adicionales. Recorte cantidades iguales a cada lado de la tira de tela, dejando en cada orilla una pestaña de 6 mm (1/4'').

Unión de las tiras decoradas

Una las tiras de tela, los encajes y los adornos para los vestidos de ceremonia con una costura angosta que sea fina y durable. Los métodos a máquina duplican muy bien las puntadas a mano tradicionales y son más rápidos y más fáciles de dominar. Para dar resistencia adicional utilice entredós calado entre las telas y encajes o adornos. Utilice almidón en aerosol en todas las tiras excepto en las tiras abullonadas. Planche todas las tiras antes de coserlas.

Se utilizan varias técnicas para la unión de tiras. Una de las técnicas empleada en este tipo de costura es el enrollado y el sobrehilado. En esta técnica se enrolla una pequeña cantidad de tela sobre el encaje o adorno que se encuentra junto, reforzando la costura. Cuando aplique encaje plano a la orilla de un dobladillo, planche la pestaña de la costura hacia la tela. También es posible hacer un pespunte en la orilla a través de todas las capas.

Una costura enrollada cosida en una máquina overlock produce el mismo resultado que la técnica de enrollado y sobrehilado.

La puntada de zigzag angosta en una máquina convencional o la costura plana en una máquina overlock se pueden utilizar para unir dos encajes con orillas terminadas. Utilice una puntada de zigzag angosta para unir el entredós al encaje con orillas terminadas.

Frunza los encajes antes de unirlos al entredós recortado. Haga pasar un hilo grueso por la cabeza del encaje para formar frunces o, si el encaje no tiene un hilo grueso, cosa con la máquina una línea de fruncido. Recorte el resto de la pestaña en el entredós y utilice entredós con encaje fruncido para realizar la costura de un canesú o la orilla de un escote (página 113).

Selección de las técnicas de unión

Orillas que se unen	Máquina convencional	Máquina con aditamento para overlock
Entredós a tira abullonada	Costura enrollada y sobrehilada	—
Tela a entredós	Costura enrollada y sobrehilada	Costura enrollada
Tela a encaje plano	Costura enrollada y sobrehilada	Costura enrollada
Encaje a entredós	Costura de zigzag	—
Encaje a encaje	Costura de zigzag	Costura plana

Cómo plegar encaje y unirlo al entredós

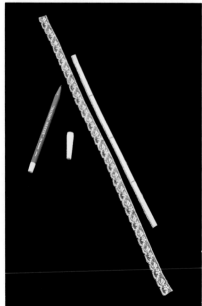 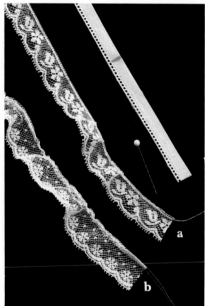 

1) Corte el entredós 2.5 cm (1") más largo que lo necesario; recorte una de las pestañas. Corte el encaje plano 1 1/2 veces más largo que el entredós. Divida el encaje y el entredós en cuatro partes; marque.

2) Jale el hilo grueso de la cabeza del encaje en ambos extremos para fruncirlo (**a**). Si el encaje no tiene un hilo grueso, haga una costura cerca de la orilla del encaje, utilizando 14 a 16 puntadas por pulgada (2.5 cm); jale el hilo de la bobina para plegar el encaje (**b**). Haga coincidir las marcas en el encaje con las del entredós.

3) Ajuste el largo de la puntada de zigzag (página 107). Haga coincidir la orilla del entredós recortando con la del encaje; cosa con zigzag en tramos de 2.5 cm (1") cada vez, utilizando puntada angosta. Utilice un pequeño desarmador para sujetar los pliegues debajo del prensatelas. Continúe hasta el extremo; retire el hilo para fruncir.

Cómo hacer uniones con costuras enrolladas y sobrehiladas

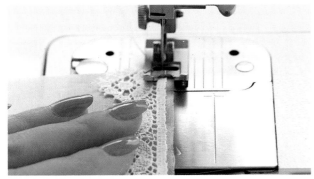

Una la tela al encaje plano con costura enrollada y sobrehilada.
1) Ajuste el largo de la puntada de zigzag (página 107). Coloque las tiras almidonadas y planchadas una sobre otra, juntos los lados del derecho, de modo que la tira inferior sobresalga 3 a 4.5 mm (1/8" a 3/16") de la superior.

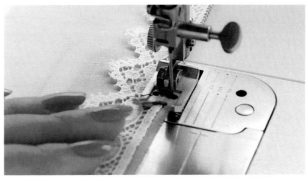

2) Ajuste la puntada de zigzag de manera que la oscilación de la aguja a la izquierda esté a 3 mm (1/8") de la orilla de la tira superior y la oscilación a la derecha caiga sobre la orilla de la tira inferior. A medida que la aguja se mueve a la izquierda, la orilla de la tira inferior se enrolla sobre la costura; quizás sea necesario aflojar la tensión en el hilo superior.

Una la tela al entredós con costura enrollada y sobrehilada.
Ajuste el largo de la puntada de zigzag (página 107). Para unir entredós y tela lisa (**a**) junte las tiras almidonadas y planchadas por el lado del derecho y con los bordes parejos; cosa en el canal próximo a los orificios del entredós. Recorte las pestañas a escasos 3 mm (1/8"). Para unir entredós a una tira abullonada (**b**), recorte la pestaña del entredós a escasos 3 mm (1/8"); coloque las tiras en su lugar y cosa en el canal. Retire el hilo para fruncir. Termine ambas costuras como se indica arriba, en el paso 2.

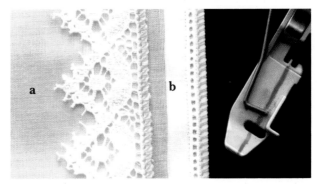

Costura enrollada. ajuste el dispositivo para overlock como si fuera a hacer un dobladillo enrollado, siguiendo las instrucciones del fabricante; ajuste el largo de la puntada a 2 ó 3 mm. Cosa el encaje a la tela (**a**), juntando las tiras por el lado del derecho y con los bordes cortados parejos. Para coser el entredós a la tela (**b**), marque la línea desde la posición de la aguja hasta el final del prensatelas (flecha). Utilice la línea como guía para coser en el canal próximo a los orificios del entredós.

Cómo utilizar los métodos de unión con zigzag y costura plana (flatlock)

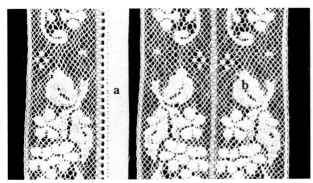

Costura de zigzag. Ajuste el largo de la puntada de zigzag (página 107); ajuste el ancho para una puntada angosta. Para el entredós (**a**), recorte una de las pestañas y haga coincidir el borde cortado con el encaje; cosa. Para encajes (**b**), colóquelos con el lado del derecho hacia arriba y los bordes parejos; cosa.

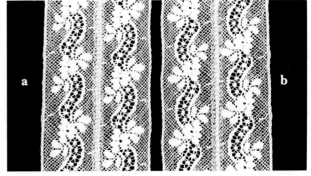

Costura plana. Ajuste el dispositivo para overlock para costura plana siguiendo las instrucciones del fabricante. Cosa; estire los encajes para que queden planos. Cuando los encajes se cosen uniéndolos por el derecho, en este lado aparece una serie de puntadas escalonadas (**a**). Si los encajes se unen por el lado del revés (**b**), se ve una rejilla por el lado del derecho.

Costura de un ropón para bautizo

Cualquier patrón para vestido o blusa que tenga un canesú puede adaptarse para coser un vestido de ceremonia a máquina. Estudie las técnicas de costura a máquina para este tipo de prendas (página 105 a 111) antes de coser una.

Planee un diseño con tiras ornamentales que se ajuste al canesú. Cuando utilice algodón suizo, forre el canesú para que soporte la tela. Se puede eliminar la entretela que se vea a través de la tela transparente.

Puede utilizar una variación del diseño del canesú en el gorro o como banda en la falda. La banda puede utilizarse como inserto o colocarse sobre un olán o utilizarse en el borde inferior de la falda.

La costura del canesú y escote se adornan con entredós y encaje fruncido (página 110). Haga una tira de entredós con encaje fruncido del largo de todas las orillas, más 15 cm (6").

Un fondo de batista opaca evitará que se vea la ropa interior. Como accesorio puede utilizar una roseta de listón.

Pueden usarse **prendedores** pequeños para cerrar una prenda de ceremonia. Estos sustituyen a los ojales y botones en las telas delgadas y transparentes que no tienen entretela. Los broches decorativos pueden estar dorados o pintados a mano.

Cómo confeccionar un vestido de ceremonia

1) **Corte** el delantero del canesú de la tela de un vestido de ceremonia; corte el forro de la tela del vestido, si así lo desea. Coloque las capas del canesú, con las piezas juntas por el lado del revés. Coloque la línea del doblez del patrón de la espalda del canesú sobre el doblez de la tela del vestido; corte dos canesús. Una las piezas del delantero y la espalda del canesú cerrando las costuras de los hombros con costura francesa (página 81).

2) **Haga** una banda para la falda. Una el entredós a las orillas superior e inferior de la banda. Corte el volante siguiendo el patrón. Termine la orilla inferior del volante con una punta de encaje; frunza la orilla superior como en las tiras abullonadas. Cosa el volante a la orilla inferior de la banda.

3) **Acorte** el patrón de la falda en el ancho de la banda. Una el delantero y la espalda de la falda por una de las costuras. Complete la abertura. Una la falda y la banda. Cierre la otra costura, haciendo coincidir las costuras de la banda y el volante. Pliegue la orilla superior de la falda; únala al canesú, paso 3, página 81.

4) **Corte** el patrón de la manga en la línea para el resorte. Corte la manga en dos partes; pliegue ambas orillas en la manga como se hizo en las tiras abullonadas. Corte el pasalistón 5 cm (2") más grande que la circunferencia del brazo; únalo a la orilla plegada de la manga. Termine la orilla inferior con encaje plano. Monte la manga. Inserte el listón; haga un moño.

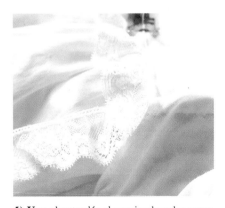

5) **Una** el entredós al encaje plegado; recorte la pestaña del entredós. Coloque el entredós sobre el canesú cerca de la costura, teniendo un extremo doblado en la orilla de la abertura como en el paso 7, a la derecha; cosa con puntada de zigzag hasta llegar a 5 cm (2") de la esquina. Doble el adorno en diagonal hacia abajo al llegar a la esquina.

6) **Doble** el adorno para formar un inglete en la esquina, en la orilla de afuera del encaje, de manera que el lado del derecho quede hacia arriba; coloque el entredós justamente sobre la línea de costura del canesú. La orilla de afuera del encaje forma un ángulo recto y el entredós se superpone en la esquina interior. Haga ingletes en las otras esquinas y continúe cosiendo el adorno con puntada de zigzag hasta 5 cm (2") de la abertura.

7) **Corte** el adorno para que pase 1.3 cm (1/2") sobre el borde de la abertura. Vuélvalo hacia abajo 6 mm (1/4") dos veces, de manera que termine en el borde de la abertura; cosa. Una el entredós con el encaje plegado a la orilla del escote; termine los extremos como se hizo en el canesú, arriba.

Cómo hacer accesorios para vestidos de ceremonia

Rosetones. Corte 4.6 m (5 yd) de listón de satín de doble vista, de 1.5 mm (1/16") o 3 mm (1/8") de ancho. Haga marcas cada 5 cm (2") o más; termine las marcas a una distancia de 30.5 a 38 cm (12" a 15") de los extremos. Pase una puntada a través de cada una de las marcas usando hilo doble; apriete con fuerza y distribuya los lazos. Anude el hilo. Cosa los rosetones a mano sobre la prenda.

Fondo. Recorte las pestañas en el cuello y las sisas a 6 mm (1/4"). Haga una abertura en el centro de la espalda. Cierre ambas costuras de los hombros. Termine las orillas del escote y las sisas con entredós unido a un encaje fruncido (página 110); termine los extremos en la abertura como en el paso 7, página 113. Cierre las costuras laterales. Termine el dobladillo con encaje plano (página 111).

Cómo terminar una orilla con ribete francés

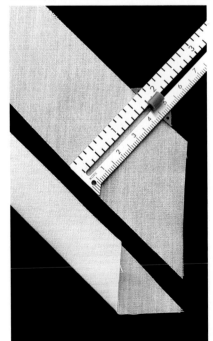

1) Corte una tira de bies (página 101) de 4.5 cm (1 3/4") de ancho, de una tela delgada, que sea 2.5 cm (1") más larga que la orilla. Planche la tira doblándola por la mitad, juntando los lados del revés.

2) Recorte la prenda en la línea de la costura. Cosa la tira de la orilla al lado derecho de la prenda, emparejando los bordes cortados, con una costura de 6 mm (1/4"); enrolle 1.3 cm (1/2') de la tira de orilla alrededor de los extremos hacia el lado del revés.

3) Doble la tira de orilla a la mitad sobre los bordes cortados; planche. Cosa con punto deslizado el borde doblado de la tira de orilla sobre la línea de la costura anterior.

Cómo confeccionar un gorro para ceremonia

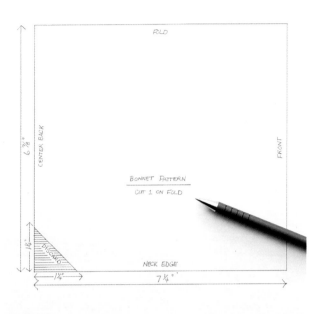

1) Trace un rectángulo de 18.6 × 17.2 cm (7 1/4" × 6 7/8"). Marque los lados más largos como la orilla del cuello y dóblelos; marque los lados más cortos como delantero y centro de la parte trasera. Haga una marca a 3.2 cm (1 1/4") de cada lado de la orilla correspondiente a la esquina del centro de la parte trasera y del cuello; una los puntos con una diagonal para que sirva como línea de corte.

2) Una tiras de tela y adornos que tengan un largo de 38 cm (15") hasta alcanzar un ancho de 18.6 cm (7 1/4"). Termine con una tira de pasalistón en la orilla de la parte trasera y con encaje fruncido en la orilla del frente. Doble a la mitad; coloque el patrón sobre esta tela. Corte el gorro. Cierre la costura diagonal con costura francesa (página 81).

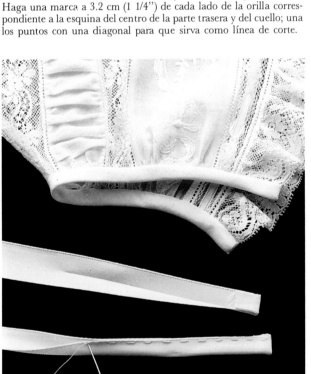

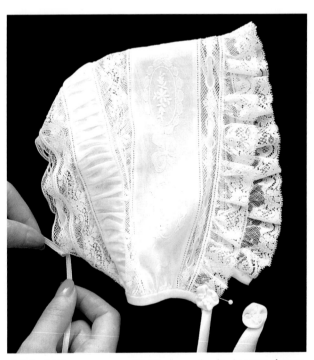

3) Pliegue la orilla del cuello hasta que mida 23 cm (9"). Termine con una orilla con ribete francés (página opuesta). Corte dos tiras de listón de satín de dos vistas de 1.3 cm (1/2") de ancho, cada una de 61 cm (24") de largo. Doble hacia dentro 1.3 cm (1/2") en uno de los extremos cortos de cada listón. Doble el listón por la mitad a lo largo; haga puntadas de hilván con una separación de 6 mm (1/4") en las orillas terminadas, en un tramo de 5 a 7.5 cm (2" a 3").

4) Jale el hilo para recoger el listón en un círculo. Asegure el extremo del listón cerrando el círculo en forma de roseta; colóquelo a mano sobre el gorro en la orilla de adelante del borde del cuello. Recorte los extremos libres del listón en forma diagonal. Pase un listón angosto por el pasalistón en el centro de la parte trasera; apriete y anude para acabar la pieza.

Cuellos

Los cuellos con adornos son una forma fácil y poco costosa de adornar las prendas infantiles y son una opción práctica y popular para dar un toque especial a los estilos clásicos. A los cuellos se les puede aplicar una orilla de vivos (**1**), de encaje (**2**) o ambas (**3**); se les puede unir con rejilla a una cinta de bies (**4**) o a un encaje (**5**); o se les puede bordar a máquina (**6**). Véanse páginas 118 a 121.

Las telas como batista ligera, paño, calicó, organdí y gasa de algodón son adecuadas para cuellos. Las telas opacas no dejan ver las costuras. Las telas aderezadas evitan que las orillas del cuello se enrollen. Con los vivos y adornos se estabilizan las orillas exteriores del cuello y se elimina la necesidad de colocar entretelas voluminosas y difíciles de manejar en un cuello pequeño y curvo.

Cuellos desprendibles

Los cuellos desprendibles permiten que la costurera se concentre en el trabajo de detalle en un proyecto pequeño. Los cuellos pueden usarse con muchas prendas o inclusive pasar a otros niños. Como el tamaño del cuello del niño cambia lentamente, el cuello desprendible puede continuar utilizándose a medida que el niño crece. Los cuellos desprendibles pueden terminarse con corbatas o coserse a mano al interior del escote. Cualquiera de los cuellos en las páginas siguientes pueden confeccionarse como cuellos desprendibles o coserse a la prenda según las instrucciones del patrón.

Cómo confeccionar un cuello desprendible

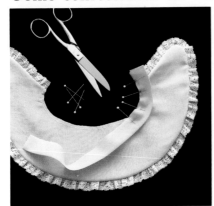

1) Prepare el cuello. Cosa con pespunte la orilla del escote a 3 mm (1/8") de la línea de costura; recorte la pestaña en la línea de costura. Aplique una tira de orilla con ribete francés, como se indicó en los pasos 1 a 3, página 114.

2) Inserte 25.5 cm (10") de listón de satín de 1.3 cm (1/2") de ancho en cada uno de los extremos del ribete. Sujete con un refuerzo de presilla cosiendo con puntada de zigzag sin mover la tela.

Método alterno. Prepare el cuello. Cosa con pespunte en la línea de costura del cuello; recorte la pestaña de la costura a 6 mm (1/4"). Aplique el ribete francés de acuerdo con los pasos 1 a 3, página 114. Sujete la orilla con puntadas a mano al interior de la prenda en la orilla del cuello.

Cuellos con vivos

Los vivos dan un aspecto profesional a un cuello y pueden utilizarse en cuellos para niños o para niñas. Los cordones finos son un relleno apropiado para los vivos en los cuellos para ni-ños; preencoja el relleno. Corte tiras de tela para el vivo, página 101. Los cuellos también se pueden adornar con una combinación de vivos y encajes, página opuesta.

Cómo aplicar vivos a un cuello

1) Corte una tira de bies de la tela, de 5 cm (2") de ancho y un largo igual a la orilla externa del cuello. Coloque un cordón delgado en el centro y doble la tira a la mitad, con los lados del revés juntos. Haga la costura cerca del cordón utilizando el pie para cierres. Recorte las pestañas en la orilla exterior del cuello y en la tira de bies a 6 mm (1/4").

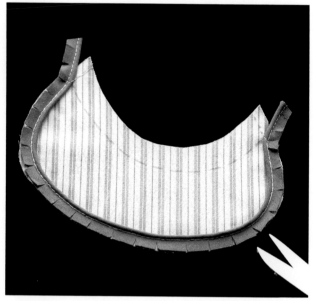

2) Hilvane el vivo al lado del derecho de la parte superior del cuello con los bordes cortados parejos. Haga cortes en la pestaña del vivo en las curvas y en el escote. Desvanezca el vivo hacia la pestaña de la costura.

3) Cosa la parte superior del cuello al bajocuello con los lados del derecho juntos; cosa sobre la línea del hilván para unir los cuellos y el vivo.

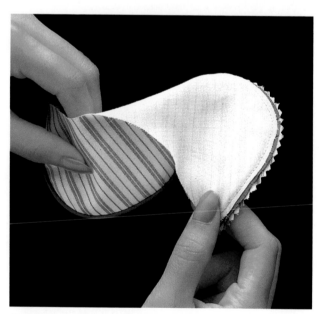

4) Recorte las pestañas del bajocuello y el vivo a escasos 3 mm (1/8"). Recorte ligeramente la pestaña en la parte de arriba del cuello utilizando tijeras de picos; la pestaña en la costura de la parte superior del cuello impide que se trasluzca la pestaña del vivo. Vuelva la pieza al derecho. Planche ligeramente.

Cuellos con orilla de encaje

La orilla de encaje da un toque femenino al cuello; se puede utilizar sola o un vivo (véase parte inferior). Para conservar el tamaño original del cuello reduzca el ancho del patrón según el ancho del encaje que va a agregar en la orilla. Para facilitar la colocación de los adornos, ajuste todas las pestañas en la orilla exterior del cuello a 6 mm (1/4").

Cómo aplicar orilla de encaje a un cuello

1) **Trace** sobre papel el patrón del cuello. Frunza el encaje como se indicó en el paso 2, página 110; sujételo con alfileres sobre el patrón, colocando la orilla terminada del encaje sobre la línea de costura del patrón. Trace una nueva línea de costura (flecha) en la línea de fruncido del encaje. Trace una nueva línea de corte a 6 mm (1/4") de la nueva línea de costura. Corte el cuello utilizando el patrón ajustado.

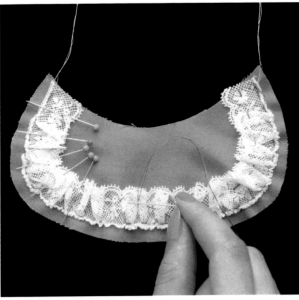

2) **Hilvane** el encaje a la parte superior del cuello, poniendo juntos los lados del derecho y colocando la parte fruncida sobre la nueva línea de costura. Ajuste los pliegues de manera que la parte sobrante quede en las curvas. Hilvane la parte inferior del encaje plegado para evitar que quede sujeto en la costura.

3) **Cosa** la parte superior del cuello al bajocuello uniéndolas en la orilla externa con los lados del derecho juntos; haga la costura sobre el hilván para unir los cuellos y el encaje. Recorte las pestañas de las costuras como en el paso 4, página opuesta. Vuelva el cuello hacia el derecho. Retire el hilván. Planche ligeramente.

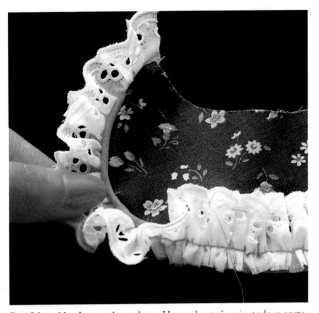

Combinación de encaje y vivo. Haga el patrón ajustado y corte el cuello como en el paso 1, arriba. Hilvane el vivo en su sitio, como se indicó en el paso 2, página opuesta. Complete el cuello como en los pasos 2 y 3, arriba.

Cuellos con rejilla

Las rejillas son un método para unir dos orillas terminadas con una puntada decorativa, abierta. Los bordes que se van a unir se hilvanan a un estabilizador soluble en agua. Prepare la máquina de coser para la puntada de rejilla o utilice puntada de zigzag en tres pasos. Experimente con las puntadas y haga una muestra de prueba para determinar el largo y el ancho deseados en la puntada.

Para un cuello de niño, cosa una tira de bies a la orilla exterior del cuello. Para un cuello de niña, una encaje a la orilla exterior del cuello.

Cómo confeccionar un cuello con rejilla, para niño o para niña

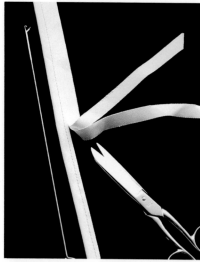

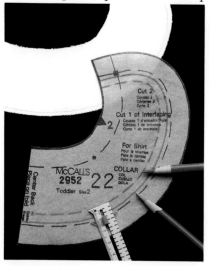

Cuello para niños. 1) Corte un tramo de tira de bies de 5 cm (2") del largo de la línea de costura en la orilla exterior del cuello. Doble la tira juntando los lados del derecho. Cosa a 6 mm (1/4") del doblez, estirando la tela; recorte la pestaña a escasos 3 mm (1/8"). Utilice el gancho para voltear el vivo al derecho.

2) Disminuya en 1 cm (3/8") el tamaño del patrón en la línea de costura exterior. Agregue una pestaña de 6 mm (1/4"). Corte el cuello utilizando el patrón modificado y cosa la parte superior del cuello al bajocuello utilizando puntadas cortas; recorte, voltee el derecho y planche.

3) Hilvane el cuello sobre un estabilizador soluble en agua. Trace una línea a 3 mm (1/8") por fuera de la orilla exterior. Planche la tira de bies para seguir la curva de la línea, con la costura hacia la orilla interior de la curva. Hilvane la tira de bies al estabilizador sobre la línea.

4) Centre el área abierta bajo el prensatelas. Cosa la tira de bies al cuello utilizando puntada de rejilla o de zigzag de tres pasos, de manera que *apenas se sujete* la orilla del cuello y la tira de bies a medida que se avanza en la costura. Retire el estabilizador. Vaporice o rocíe con agua y seque con una toalla; deje que seque.

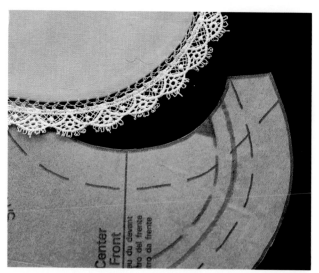

Cuello para niña. Reduzca el tamaño del patrón del cuello en la orilla exterior en una cantidad igual al ancho del encaje más 3 mm (1/8"). Agregue una pestaña de 6 mm (1/4"). Corte y cosa el cuello como en el paso 2, arriba. Hilvane a un estabilizador soluble en agua. Trace una línea a 3 mm (1/8") de la orilla del cuello. Hilvane el encaje al estabilizador sobre la línea. Una el encaje al cuello utilizando puntada de rejilla o de zigzag de tres pasos. Retire el estabilizador como lo hizo en el paso 4, a la izquierda.

Cuellos con bordados a máquina

Simplifique el plan de colocación de las puntadas en cuellos bordados a máquina escogiendo un patrón con orillas redondas en lugar de cuadradas. Experimente con puntadas decorativas y cambie las combinaciones de las puntadas. Quizás desee obtener diferentes aspectos utilizando hilos para bordar a máquina. El hilo de rayón produce un acabado más brillante que el hilo de algodón.

Para un cuello bordado a máquina, transparente, utilice organza de seda u organdí de algodón. Cuando se utilizan dos capas de estas telas, puede crearse un efecto de sombra si se recortan partes de una de las capas. Utilice tijeras para aplicaciones; la orilla larga con forma de pico de pato y los mangos inclinados permiten cortar muy cerca de la tela sin cortar la tela adyacente.

Cómo confeccionar un cuello transparente bordado a máquina

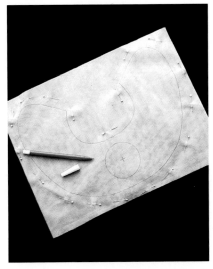

1) Corte dos capas de tela 5 cm (2") más grandes que el patrón; sujételas con alfileres, juntos los lados del revés. Trace el patrón sin pestañas sobre la tela. Marque el centro del cuello para colocar el bordado.

2) Borde el diseño central utilizando puntadas a mano o de máquina; delinee cosiendo con agujas gemelas. Haga una puntada decorativa en la orilla exterior; si lo desea, haga una segunda línea de puntada decorativa.

Efecto de sombra. Recorte una capa de tela del bajocuello; utilice las tijeras para aplicaciones con el pico de pato plano sobre la tela que no se corta. Corte cerca de la puntada. Recorte la orilla exterior cerca de la puntada.

Especialmente para niños

La ropa para niños casi siempre varía desde el estilo clásico tradicional hasta las prendas deportivas. Sin embargo, en ocasiones se requiere un atuendo especial. Coloque accesorios como tirantes, una corbata de moño o un chaleco reversible en el traje de un niño.

Los tirantes son rápidos y fáciles de confeccionar utilizando tela para cinturón o elástico decorativo. Los tirantes deben ser 3 mm (1/8") más angostos que los herrajes.

Existen dos estilos de tirantes: los cruzados y los de tira transversal. Ambos estilos requieren de broches para sujetarlos a la prenda de los pantalones y hebillas de ajuste para cambiar fácilmente el largo a medida que el niño crece.

Para evitar que los tirantes se deslicen de los hombros puede utilizarse una hebilla en los tirantes cruzados o hacer una tira horizontal que los una al frente.

Para determinar el largo de los tirantes cruzados, mida la distancia que hay entre los hombros del niño en dirección diagonal. Para los tirantes con tira horizontal, mida directamente sobre el hombro.

Cómo confeccionar tirantes cruzados

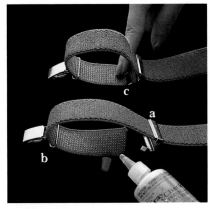  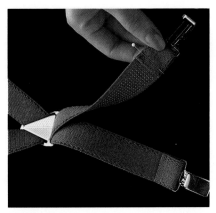

1) Corte dos tiras que sean 25.5 cm (10") más largas que el tirante terminado. Aplique líquido para evitar deshilachado en los extremos cortados. Inserte un extremo en el ajustador (**a**), después a través del broche (**b**) y nuevamente en el ajustador; inserte y cierre la placa fijadora (**c**).

2) Inserte los extremos libres a través de la hebilla deslizante pasando ambos extremos de los tirantes a través de las aberturas laterales y sacándolos por el extremo inferior de la hebilla. Los tirantes se cruzan en la parte trasera de la hebilla deslizante.

3) Ensarte el extremo libre a través de los sujetadores de atrás; voltee 2.5 cm (1") hacia el lado del revés. Haga una puntada doble que atraviese ambas tiras. Coloque la hebilla posterior y los ajustadores delanteros de manera que el ajuste sea cómodo.

Cómo confeccionar tirantes con tira horizontal

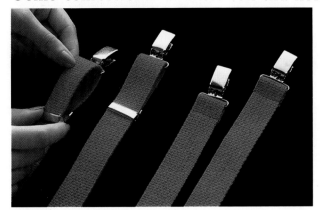 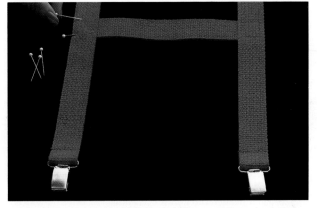

1) Corte dos tiras 25.5 cm (10") más largas que el tirante terminado. Aplique líquido para evitar deshilachado en los extremos cortados. Coloque los ajustadores y los broches, como en los pasos 1 y 3, arriba.

2) Pruebe los tirantes teniendo las hebillas para ajustes hacia la espalda; colóquelos de manera que el ajuste sea cómodo. Corte una tira transversal al tamaño de la parte media del pecho entre las orillas exteriores de los tirantes. Aplique líquido para evitar deshilachado en los extremos cortados. Coloque la tira transversal debajo de los tirantes; cosa como se indica.

Chaleco reversible con corbata de moño

Un chaleco reversible se puede coordinar con una corbata de moño y tirantes. Para el chaleco, seleccione dos telas que sean de grosor similar y requieran el mismo tipo de cuidados. Coloque entretela en el delantero de todo el chaleco para darle un aspecto rígido y soporte al área de la botonadura. Los remaches con cubierta decorativa tanto en la pinza macho como en la hembra, permiten que el chaleco se superponga correctamente cuando se voltee.

Para hacer una corbata de moño fácil de coser corte la tela al sesgo o siguiendo el hilo. Corte la tela para el moño de 9 por 23 cm (3 1/2" × 9"), para el nudo de 7.5 × 5 cm (3" × 2") y para la banda del cuello de 6.5 cm (2 1/2") de ancho por el largo de la medida del cuello más 3.8 cm (1 1/2"). (Tome la medida del cuello sobre la camisa.) Para la entretela, corte un tramo de borra de poliéster. Coloque cinta adherible en los extremos de la banda para el cuello, para facilitar su colocación. Estas medidas son apropiadas hasta para un niño talla 10.

Cómo confeccionar una corbata de moño

1) Doble todas las tiras de tela a lo largo, con los lados del derecho juntos y haga una costura de 6 mm (1/4"); planche la costura abierta. Voltee las tiras hacia el derecho; plánchelas planas, centrando la costura.

2) Inserte la borra en la tira para el moño. Doble los extremos de la tira hacia la parte de atrás de manera que los extremos se superpongan 6 mm (1/4") en el centro; cosa. Anude con fuerza el centro del moño utilizando hilo doble. Sujete con una presilla la parte de atrás del moño al centro de la banda para el cuello.

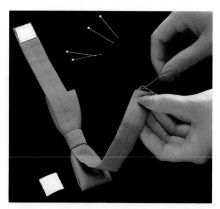

3) Envuelva el moño y la banda para el cuello con la tira para el nudo, superponiendo los bordes; cósala a mano para fijarla en su sitio. En los extremos de la banda del cuello, doble hacia adentro los bordes cortados 6 mm (1/4"). Cosa cinta adherible (página 84) en los extremos de la banda del cuello.

Cómo confeccionar un chaleco reversible

1) Corte dos delanteros y una espalda de la tela; repita utilizando una tela que coordine. Siga las instrucciones del patrón para colocar los bolsillos en el delantero del chaleco que se habrá forrado con entretela. Cierre todas las costuras de los hombros; plánchelas abiertas.

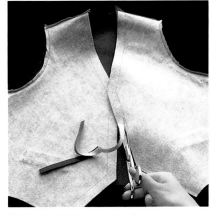

2) Una los chalecos en el delantero, el escote y las orillas de las sisas, con los lados del derecho juntos y haciendo coincidir las costuras de los hombros. Recorte las pestañas a 6 mm (1/4"); haga cortes en las curvas que lleguen hasta la costura. Planche las costuras abiertas.

3) Voltee el chaleco hacia el derecho jalando el delantero a través del hombro hacia la espalda, un lado a la vez. Planche, colocando la línea de costura exactamente en la orilla.

4) Cierre las costuras laterales de ambas capas en una sola costura continua, haciendo coincidir las costuras en las sisas. Planche las costuras abiertas. Recorte las pestañas a 1 cm (3/8").

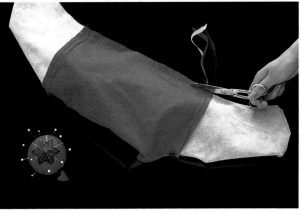

5) Cosa la orilla inferior cortada con los lados del derecho juntos y haciendo coincidir las costuras laterales; deje una abertura de 7.5 cm (3") para poder dar vuelta a la prenda. Recorte las pestañas a 6 mm (1/4"); recorte las esquinas.

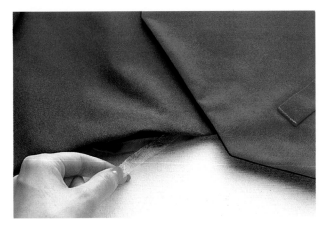

6) Voltee el chaleco al derecho a través de la abertura en la orilla inferior. Planche la orilla inferior colocando la costura exactamente en el borde. Al llegar a la abertura, vuelva hacia adentro los bordes cortados y cierre utilizando cinta fusionable. Haga un sobrepespunte a 6 mm (1/4") de las orillas si lo desea.

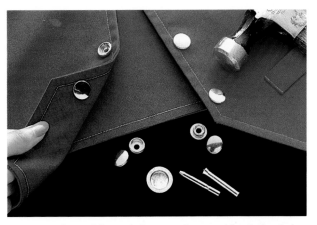

7) Marque las posiciones de los remaches en ambos lados de los delanteros del chaleco. Aplique los broches de acuerdo con las instrucciones en la envoltura, utilizando tapas decorativas en ambas piezas del broche.

Índice